UN ELEVE EXEMPLAIRE

Ce livre te rendra meilleur et te donnera d'acquérir des compétences que tu n'as jamais eu au par avant à cause de son contenu très motivant avec des situations réelles suivies de solutions à la hauteur de toutes tes attentes.

La table des matières

Chapitre I: Avant l'école ou la démarcation

Il est quatre heures du matin, Willy se lève pour besogner. À sept ans, il sait ce qu'est une corvée. Sa mère et lui s'occupent du ménage et des travaux culinaires. Il tient le balai en main afin de rendre propre la devanture de leur modeste maison où l'ampoule allumée s'éteint puis se rallume après quelques secondes. Sa culotte a deux trous de part et d'autre au niveau de ses fesses. Son tricot est sans colle et sans manches mais très propre. Sa chaussure très raccordée par endroit l'empêche de bien se déplacer.

Aux environs de 7 heures du matin, Il aperçoit de loin ses amis du quartier avec leurs parents en route pour l'école mais lui ne peut pas à cause de l'impécuniosité de son père et de sa mère.

Le soir, de retour de l'école, ses amis après avoir changés de vêtements, s'être lavés et reposés, préparent la place d'étude pour recevoir leur répétiteur. Il s'efforce de faire rapidement la vaisselle afin de les rejoindre. Sans un vêtement à la partie supérieure de son corps, il se cache derrière l'arbre qui est à sept mètres d'eux. Ceux-ci sont en primaire ; plusieurs font les classes de CP1, CE2 et d'autres sont au CM1 mais il focalise son attention sur ceux du CP1. Le répétiteur commence avec les plus petits c'est-à-dire ceux du niveau 1. Planqué derrière l'arbre, il suit tout dans les moindres détails.

Alors que ses amis ont des ardoises, des craies, cahiers et stylos, lui n'a que la terre et un petit morceau de bois qu'il a lui-même façonné en forme de craie. Lorsque le maître de maison dit aux enfants de prononcer la lettre A, Willy derrière l'arbre répète aussi à voix très basse. Quand il leur demande d'écrire A, de sa place sur le sol qu'il a bien nettoyé par le revers de sa main droite, il écrit aussi A. Après avoir exécuté la consigne avec la craie sur l'ardoise, ils l'écrivent maintenant dans leurs cahiers doubles lignes avec des stylos bleus. De son côté, il griffonne toujours au sol avec sa petite futaie.

Deux heures après, le répétiteur arrête les cours et rentre à la maison. Les enfants regagnent aussi leurs domiciles respectifs mais lui continue de travailler derrière l'arbre en sorte qu'Il arrive chez lui à 21h. Il explique tout à sa mère au point qu'il prononce et écrit A (au sol) mais elle fait s'abattre sur lui un tonnerre d'admonestation car il est entré tardivement.

Le lendemain à midi, chaque enfant se dirige vers sa maison après le jeu car il est l'heure d'ingurgiter. Chez lui, il constate que rien n'est encore prêt et attend. Sa mère prépare sur du bois de chauffe et deux briques qui soutiennent la marmite. Il est 14 heures, la nourriture est enfin prête, il s'empiffre. C'est son premier plat depuis le prodrome de la journée.

Le soir, le répétiteur est avec ses élèves. Cette fois-ci, c'est une autre lettre de l'alphabet : B. Le principe de l'enseignant est simple. Il fait lire et écris une lettre puis forme des syllabes ensuite des mots et enfin des phrases. Après quatre mois, Willy maîtrise l'alphabet en français, forme des syllabes, des mots et des phrases. Il parvient à lire correctement seul en lambinant.

Lors d'une partie de cache-cache avec ses copains, un étudiant du nom de Fabrice les appelle et leur propose un jeu qui consiste à réciter l'alphabet en français sans faire d'erreur pour mériter un pot de yaourt. Tous s'empressent excepté Willy. Ils se trompent tous, soit à la dixième lettre soit à la treizième. Fabrice déçu indexe Willy et dit : « récite et tu auras un pot de yaourt. » Ses amis réagissent aussitôt : Il ne va pas encore à l'école. Voulez-vous me dire qu'il n'est pas encore un élève ? Dit-il. Les enfants d'un commun accord répondent par l'affirmatif. Il s'excuse auprès de lui et double la récompense. Les enfants réessaient encore mais hélas ils se fourvoient. Contre toute attente, celui qui est perçu comme un illettré, prend la parole et dit : je vais essayer mais si je réussis, je voudrais trois stylos (bleu, rouge et vert) avec deux cahiers doubles lignes, une ardoise, dix bâtonnets de craie et un crayon à papier. L'organisateur accepte. Certains de ses amis le regardant, se concentrent le ventre pour ne pas éclater de rire. D'autres mettent leurs deux mains sur leurs bouches. Pour eux, il va s'exposer à une risée. Il commence en disant Alpha, bêta… ils éclatent tellement de rire que plusieurs attrapent leurs hanches et d'autres se trainent au sol. L'étudiant se contient pour ne pas éclater de rire. Alors le petit Konan leur explique qu'il vient de dire A et B en grec car il a écouté cela à la radio. Tous se calment et l'écoutent. D'une voix audible, il récite sans jamais se tromper en prononçant correctement chaque lettre jusqu'à la fin. Stupéfait le jeune étudiant pousse les enfants à lui dire la vérité au sujet de leur camarade qui vient de réagir comme un élève de CM2. Ceux-ci confirment qu'il n'est pas un élève mais Il est toujours sceptique malgré leur sincérité.

Pour avoir le cœur net, Fabrice demande à une femme de la cour qui confirme leur réponse. Willy à son tour, corrobore leur version. La dame demande à Fabrice la raison pour laquelle il lui a posé cette question. Après ses explications, elle l'interroge aussi et il les récite comme un maestro. Puis il les rassure qu'il peut les écrire. Vas-y, disent Fabrice et la dame ! Il balaie du revers de sa main droite le sable sec et écrit sur la partie humide avec un petit bois. Tous se mettent à le congratuler. Ses amis ne s'en reviennent pas. Il reçoit sa récompense.

Content, il court pour la maison en criant maman, maman regarde ce que j'ai eu ! Sa mère sort et voit tout ce qu'il a en main. Inquiète elle beugle : « Où les as-tu pris ? ». Je les ai mérités après avoir répondu correctement à des questions. Dit-il. Puis il lui raconte tout. Elle le félicite mais n'est pas trop surprise à cause de ce qu'elle le voit faire à la maison. Il est très content de voir ses cahiers, stylos, ardoises et craies. Il commence à étudier tout seul à la maison et met son petit bois dans un petit sachet transparent qu'il accroche sur une pointe derrière la porte de la chambre. Sa mère le persuade de le jeter mais il décide de bien le garder.

Le soir, il se rend auprès de l'arbre pour assister au cours donné par le répétiteur. Cette fois, il est équipé et décide de marner correctement. Il est surpris dans ce petit coin où la lumière frappe à peine. En réalité, la voisine qu'il avait épaté en récitant correctement les lettres de l'alphabet est juste derrière lui, le regardant dans ses faits et gestes. Éprise de compassion et d'admiration, elle le soulève, le nettoie, puis l'emmène et le fait asseoir auprès de ses amis afin qu'il bûche avec eux. Le formateur prend son cahier après l'avoir salué et s'étonne de voir qu'il a une belle écriture. Le testant, il constate que l'enfant est plus fort et intelligent que ses élèves. En clair, tout seul à la maison, il reprenait les cours donnés par celui-ci. Il avait compris la logique de l'enseignant et avait pris de l'avance.

Monsieur Tanoh décide de faire une révision en donnant des exercices qui consistent à former des syllabes, mots et phrases avec les lettres M, U et S. Puis il ajoute 4 calculs d'addition et soustraction. Il regarde l'heure et dit : « il est 19h30, vous finissez à 20h10 ». En moins de 20 minutes Willy à tout finit. Il corrige et lui donne trois fois 10/10. Ses amis trainent au point où l'heure passe. Il prend leurs cahiers et les corrige. Un a 1 fois 10/10 ,07/10, 02/10, l'autre 03/10, 05/10, 08/10, les deux autres, c'est très mauvais. Il le félicite et ses amis applaudissent à deux reprises à la demande de celui-ci.

Les cours sont terminés, le répétiteur et la dame l'accompagnent à la maison. Une fois devant son père, la voisine raconte tout et le l'enseignant témoigne aussi de la performance de l'enfant. Il les remercie pour l'amour qu'ils ont vis-à-vis de son fils et promet de l'inscrit l'an prochain. Après leur départ, il prend le cahier de son fils et ne s'en revient pas. Il comprend la motivation des visiteurs...

La composition de passage est dans deux semaines, il se prépare avec ses amis comme s'il la passerait aussi. À la veille, il les aiguillonne afin qu'ils soient les meilleurs. De retour de l'école à 12 h 30, Willy s'empresse de les voir et les questionne sur les épreuves. Quelles syllabes avez-vous formé ? Quels sont les mots que vous avez écrits ? Les calculs étaient-ils difficiles ? ...Ils le rassurent que tout s'est très bien passé. Seulement ils iront le soir pour clore.

Une semaine après, ce sont les résultats, ses amis ont bien travaillé. L'un d'eux, Ernest est cinquième avec 7 de moyennes sur 10. Sylvain, un autre est septième avec 6,5 de moyenne et les deux autres sont respectivement huitième et dixième d'où 5.5 et 5 de moyenne...

Sans faire de correction, le répétiteur met Willy en composition avec les mêmes épreuves. Il commence à traiter les exercices. Après seulement, trente minutes, il a tout fini. Son enseignant se sert de son stylo rouge pour corriger. C'est un sans-faute. Il le regarde en lui disant qu'il est génial et qu'il serait le premier de sa classe et même de tous les élèves du CP1 s'il avait composé. Il lui rend ses copies afin qu'il les montre à ses parents.

À la maison, son père est fier de lui et garde ses feuilles en guise de souvenir. Puis l'encourage à se donner à fond s'il désire vraiment aller à l'école l'année prochaine.

C'est le weekend, les enfants regardent les films Westerns hollywoodiens et une fois sur l'espace de jeu, un groupe représente les cowboys et le second les indiens. Willy fait partie de celui des indiens. Après une partie de capture de poulets, les indiens leur enlèvent quelques plument... le petit Konan attache des plumes autour de sa tête avec un morceau de tissu noir, met la poudre de charbon sur ses joues et son nez en six bandes ensuite il fait d'une liane de trois mètres son cheval et commencent à courir en disant : crica crica chevalier, crica crica chevalier...Les autres se déguisent aussi et jouent tous en imitant les acteurs. Ils sont tous camouflés dans les bois autour de la menuiserie. Sur place Willy ramasse un lance pierre avec de petits bois sous formes de boule taillé par les machines des menuisiers. Se camouflant sous un sachet noir, il fait des cowboys ses proies. Ceux-ci essuient des coups pas possibles et se rendent les uns après les autres. Après les avoir tous capturés, il sort son arme sécrète et tous se mettent à rire.

Soudain, ils entendent des miaulements…tous s'empressent d'aller voir. Sur place ils voient un gros chat blanc-noir pris au piège dans une cage. Dans l'unanimité, ils décident de le secourir. Craignant d'être griffé par le chat s'il sort, ils réfléchissent à une stratégie. Le chat aussi est agité et il se gonfle puis agite ses griffes dans leur direction. Ils font passer un long bois dans la cage et la soulève pour la mettre dans une position où s'ils le libèrent, ils pourront fuir. Willy prend le bois et lève le levier qui ferme la cage. Dès que le chat est sorti, les enfants sont déjà très loin. Derrière eux, ils le voient qui s'enfuit. Ils se félicitent pour leur héroïsme. Puis Herman dit : Hollywood doit mettre un chat dans les films de Western afin que les indiens et les cowboys s'entendent car le chat nous a réconcilié. Ils se mettent tous à rire. Où est le lance pierre ? Demande l'un d'eux à Willy. Il est resté là-bas…

Ce sont les classements dans chaque établissement. Ses amis scolarisés se pressent de récupérer leurs bulletins à l'école. Plusieurs ont travaillé et d'autres ont repris. Ceux avec qui il étudie ont tous été reçus à la composition de passage. C'est la joie, ils se font des accolades.

La pluie qui a commencé depuis la fin du mois de mai annonçait déjà les vacances. Ils sont maintenant en vacances et il joue beaucoup avec ses amis sans toutefois manquer d'étudier personnellement à partir de 19h. Dans le secret il continue d'étudier seul comme si son répétiteur était présent à ses côtés. Ce qui n'est pas le cas chez ses amis.

À un mois de la rentrée scolaire sa mère est atteinte d'une grave maladie : la fièvre typhoïde. Rapidement hospitalisée, Richard met toute son économie dans les soins de sa femme. Il appelle son fils et démêle sa vicissitude : cette année tu n'iras pas à l'école mais je te promets de faire en sorte que tu ailles l'an prochain. Découragé et sans dire un mot, l'enfant va se coucher sur sa petite natte jaune-noire et se met à larmoyer comme s'il pleuvinait.

Après cinq semaines, il voit ses amis dans leurs nouvelles tenues de l'école accompagnés par leurs parents en vue de les inscrire. Deux mois passent, les élèves sont avancés dans les cours. La généreuse voisine remarque que Willy est à la maison alors que ses amis vont aux cours. Elle s'approche de sa mère pour la saluer et s'enquérir de ses nouvelles vu qu'elle était valétudinaire. Ensuite, elle pose une question : pourquoi Willy ne va-t-il pas à l'école ? Jeanne répond qu'ils n'ont pas les moyens pour le scolariser. Willy est aussi mon fils car c'est lorsqu'un enfant est dans le ventre de sa mère qu'il l'appartient mais dès qu'il nait, il est pour tout le monde. Je suis aussi ta sœur. Dit-elle !

Après quelques minutes d'échange, la voisine entre chez elle et convainc son mari de payer les cours de l'enfant. Celui-ci accepte et se charge de tout : l'inscription, la tenue de l'école, le sac, les fournitures et accessoires scolaires... Le soir c'est le couple voisin qui arrive chez la famille Konan. Les deux pères de famille discutent pendant au moins 20 minutes assis sur un banc non loin de la porte d'entrée. Willy se presse de se cacher derrière la porte de la cuisine pour tout écouter sans imaginer un instant que ses deux mamans sont derrière lui. Il saute de joie et se met à danser car il ira à l'école. Sa mère le soulève et lui dit : sois toi-même et à la hauteur de tes attentes, surprend nous comme tu le fais déjà, sois le meilleur des meilleurs. Il prend son petit bois et le regarde puis se remémore beaucoup de choses.

Chapitre II : Willy en primaire

Assis en classe avec ses amis, Willy salue chaque élève à haute voix en disant : salut la compagnie ! Tous le regardent en répondant salut ! Puis il se présente et va au tableau pour écrire toutes les vingt-six lettres de l'alphabet comme le mal alpha dans une troupe de lions qui s'affirme. Sans aucune aide, il fait une très bonne lecture; ses amis sont ébahis et l'ovationnent. Voici leur enseignant qui entre et est pris de stupéfaction en voyant son écriture et sa façon de prononcer chaque lettre. Il décide alors de le récompenser avec un gros cadeau qu'il s'apprête à enlever de son sac. Soudain le coq chante, Willy sursaute de sa natte en disant : non pas ça ! Pas ça ! Pas ou je devais voir et prendre mon cadeau ! En réalité, il rêvait.

Il est 5h du matin, il se met sur pied afin d'aider sa mère à faire ses travaux ménagers... Etant en route avec son père, il aperçoit un enfant qui est supplié par ses parents pour qu'il aille en cours. Ne s'en revenant pas, il se permet de le toucher à l'épaule en lui disant que l'école est le plus grand espace de Jeu. Il y a des voitures, des bonhommes militaires et ce qui est plus intéressant c'est que plusieurs enfants de notre âge nous attendent là-bas. Celui-ci lisant la joie sur le visage de Willy, décide d'aller sans plus attendre en prenant le bras de son père...allons, allons papa dit-il!

C'est son premier jour, il regarde la salle, les bancs, le grand tableau noir, ses amis, le bureau du maître et les décorations. Dans sa joie, il se met à saluer chaque élève en souriant. 15 minutes passent, il est 7h30 voici leur maitre qui fait son entrée. Il demande à toute la classe de se tenir débout. Puis ils chantent : « Coin coin coin... Allez ! Coin coin coin...Allez! C'est l'automobile qui va à la ville qu'on entend de loin! ...Willy se tourne pour regarder ses condisciples et grande est sa surprise de les voir dans une alacrité; plusieurs sautent, dansent et d'autres frappent les ardoises contre les tables...Il s'y met aussi en les imitant. Puis l'enseignant demande le silence.

Après le lied, place aux cours. Monsieur Remi écrit au tableau les 26 lettres de l'alphabet puis il les apprend à les lire. Rapidement Willy se démarque ; on aurait dit un doublant. Il réussit à lire et écrire les lettres, des mots et des phrases. Le plus surprenant est qu'il connait leur orthographe. Sa démonstration laissa son enseignant dans l'aphonie. Puis il le badigeonne de questions : es-tu un doublant?

Comment as-tu appris tout ça? J'aime l'école et j'ai une volonté de fer qui me fait apprendre quand bien même je suis incertain ou bloqué. Lui dit-il ! Remi tombe des nuages à causes des mots qui sortent de sa bouche. Á compter d'aujourd'hui, tu es mon ami. Lui dit-il. Ce qu'il ne savait pas, c'est que l'enfant connaissait toutes les leçons de ses livres de lecture et mathématiques. Il faisait face à un élève ferré. Toutefois, il patiente pour voir ses résultats lors de la première composition.

Nous sommes en décembre, c'est la première composition. Il va juste remplir les formalités. Pour lui, former des syllabes, faire la reconstitution des mots et phrases voire écrire en lettre des chiffres c'est élémentaire. Le surlendemain, son maître lui tire le chapeau car il s'est en pressé de voir ses copies afin de les corriger. C'est un sans-faute. Une semaine après, c'est le classement. Celui-ci les met en rang à la récréation comme ses collègues puis procède à la remise des bulletins. Il commence par le premier : Konan Willy 10/10 de moyenne avec la mention Excellente ...tous applaudissent.

Il montre son bulletin à ses parents afin qu'ils signent et voient son travail mais sur l'ordre de sa mère, il va le montrer aussi au couple voisin. Les deux ne cachent pas leur joie et le félicitent. En cours, il voit un autre visage de son maître. Il est très sévère, injurieux et vindicatif. Les élèves urinent ou font la selle sur eux à cause de la frousse qu'il leur inspire. Dans son programme, tous les après-midis sont réservés à la lecture. Souvent le maître de Ce1 vient chercher un élève de Cp1 pour humilier ses élèves quand ceux-ci ont des difficultés à lire un mot. Malheur à celui ou celle qui ne parviendra pas à lire ou écrire ; il fera pied au mur et beuglera le mot qu'il n'a pas pu lire ou écrire.

Willy est un modèle pour ses amis. Quand ceux-ci sont incapables de répondre aux questions du maître, le petit Konan vient toujours à leur rescousse.

Les élèves de CE1 n'arrivent pas à lire le mot ***dévoué.*** Leur maître va au CP1 prendre un élève capable de le lire. Willy est recommandé par son instituteur. Une fois dans la classe, il va au tableau et découpe le mot par syllabe c'est-à- dire **dé-voué** puis il fait la lecture en étant un peu rapide. Certains élèves s'esclaffent car pour eux, il vient de se méprendre. Mais leur instituteur le félicite et fait radoter le mot cinq fois à toute la classe. Puis Il leur demande d'acclamer à deux reprises. Arrivé dans sa classe, son maître lui demande d'expliquer ce qui s'est passé. Il explique tout dans les moindres détails au tableau. Fier de son élève, il décide de lui acheter un sandwich pendant la récréation.

À la maison, Willy explique sa journée à ses parents et demande à son père de lui acheter un roman : Sam le petit éleveur de poulets. Après s'être lavé, il va suivre les cours avec ceux qui sont au CE2 vu que personne dans son entourage n'est au CE1. Ses amis lui disent, tu n'as rien à faire ici car ce sont les leçons qu'il faut copier et apprendre par cœur. Il ne dit absolument rien puis fait un bon moment avec eux pour voir ce qu'ils font, comment ils procèdent et ceux à quoi il doit s'attendre. En réalité, la classe de CP1 l'ennuyait.

De retour à la maison, son père lui remet le roman. Comme un élève en quête de mots et d'histoire à raconter il dévore son œuvre chaque jour. En classe, leur maître parle du roman Sam le petit éleveur de poulets et donne la consigne selon laquelle chaque élève racontera l'histoire qui y est peinte. Ses parents, ses amis et son instituteur sont étonnés qu'il sache lire déjà tout seul au point où il peut raconter l'histoire qui s'y trouve. À la deuxième composition, il est encore premier avec 10 de moyenne puis premier à la troisième, à la quatrième et à la dernière composition avec la même moyenne.

Quant au Roman, il fut sensationnel lorsqu'il raconta l'histoire de Sam le petit éleveur de poulets devant ses amis et son instituteur. En réalité, quand il a fini le Roman pour la première fois, son répétiteur lui avait demandé de raconter le contenu. Au début, c'était difficile mais après, il détaille toute l'histoire en utilisant les thèmes appropriés avec des gestes pour embellir sa récitation.

Lors d'une réunion, le directeur de l'établissement et les enseignants parlent de plusieurs cas mais insiste sur les élèves très intelligents qui peuvent sauter de classe. Trois personnes furent retenues : deux élèves au CE2 puis Willy. Les deux autres doivent aller directement au CM2 et Konan Willy au CE1. C'est ainsi que ses parents sont convoqués par le directeur de l'école pour leur soumettre la décision de l'administration. Ils donnent leur accord.

Willy le sachant, informe ses amis qu'il sera dans la même classe qu'eux l'année prochaine. Ceux-ci surpris ne sont pas trop réceptif. Le sentant, il se tût et parla d'autres choses.

Pendant les vacances, avec ses amis, ils suivent des cours de renforcements pour avoir un aperçu de la classe de CE1. Son père trouve un stratagème pour emmener son enfant à maîtriser sa table de multiplication. Il lui promet cent francs CFA s'il récite correctement une table de multiplication allant de 0 à 10. Willy apprend les tables de zéro à deux fois en un jour. Sa récompense de 300 francs le motive. Le lendemain, il apprend celles de quatre fois et cinq fois. Chaque jour, il apprend au moins deux tables de multiplication. Sa mère se soucie et l'aide dans cette étude. Quand elle prépare, il vient réciter une table. Quand elle fait la lessive, il est là pour réciter une autre. Lorsqu'elle l'envoie à la boutique, il cour en récitant. Sur l'espace de jeu avec ses amis, il se met à réciter. Ceux-ci le voyant, décident de l'aider. Son camarade Ali prend l'ardoise dans sa main et regarde au verso les tables et lui dit de réciter telle et telle. Au niveau de neuf fois, Willy titube. Tous l'aident jusqu' à ce qu'il termine. Deux semaines se sont écoulées, il connaît par cœur les tables de multiplication allant de 0 à 10.

À son retour du travail, son fils ne le laisse pas s'asseoir et récite tout sans se tromper. Richard est heureux et lui tend un billet de 1000 francs. Jeanne l'appelle et pendant qu'elle arrange son futal, elle lui prodigue des conseils : « sois honnête, intègre et généreux. Ne fréquente jamais les menteurs et voleurs. Lutte, bats-toi pour vivre car il est écrit que tu mangeras à la sueur de ton front. Je sais que tu es notre espoir et notre réussite. Aime l'école, donne-toi toujours à fond. Ton père et moi serons toujours là comme le soleil pour veiller sur toi. » Willy hoche la tête et enserre le cou de sa mère de ses bras en mettant sa tête sur son épaule. Elle fait pareil en le serrant fortement dans ses bras.

La bonne famille qui a assuré la scolarité de Willy surprend Jeanne avec un montant de cent mille francs pour la scolarité de son fils et cinquante mille francs pour elle-même afin d'ouvrir un petit commerce. Jeanne se met à genoux pour les remercier au nom de toute sa famille. Willy dépassé par le geste, se jette dans les bras de leur voisine et la remercie. Il se met aussi à genoux. Contre toute attente il fait une promesse et dit : « quand je grandirai, je serai parmi les hommes les plus forts du pays, je me souviendrai de vous et de vos enfants, je prends le Ciel à témoin. » Ils n'étaient pas étonnés de son langage car c'est leur tarzan. Le soir, Richard rentre très éreinté …

En réalité, il était un planteur qui a tout perdu à cause de l'urbanisation. L'Etat a aménagé des espaces sans tenir compte des autochtones alors que Richard par exemple avait mis toute son économie dans ses plantations. Il comptait sur sa récolte pour en tirer profit. Malheureusement tout est tombé à l'eau, ses plantations ont été rasées.

Depuis un temps, il sort de la maison le matin pour roder autour des entreprises et cherche des contrats journaliers. Des fois, il a des contrats de déchargement de camions ou des contrats de nettoyage de bureaux. Ce qui fait qu'il se retrouve avec cinquante mille francs le mois alors que le loyer et l'électricité s'élèvent à quarante mille francs. C'est très difficile pour lui, vu ses nombreuses charges. Voyant sa femme et son enfant, il ne sait comment annoncer la nouvelle selon laquelle il ne peut pas assurer l'inscription et la scolarité de son fils. Il faire donc approcher sa femme avec un air abattu puis l'informe. Celle-ci voyant que son mari est dépité, le serre dans ses bras. Je te sais être un bon père, fort mais la vie a pris une autre tournure pour nous toutefois je te soutiens. Dit-elle. Puis elle lui explique le geste des voisins. Ne sachant que dire, il prend sa femme et ensemble ils vont les remercier. De retour il fait le partage selon la consigne de ceux-ci. Il ne prend absolument rien.

Willy est inscrit au CE1 et toute sa scolarité a été payée. Les fournitures et accessoires scolaires ont été achetés avec sa nouvelle tenue de l'école. Après trois semaines, les cours sont sur le point de débuter, il est enthousiaste d'être en classe. Une fois qu'il y est, il observe tout et se met au troisième banc de la deuxième rangée. Il fait très bonne impression à travers ses réactions face aux différentes questions qui sont posées par son maître à la classe.

À la maison, il explique sa journée à sa mère. Fière de son fils, Jeanne le félicite et l'encourage à se battre sans jamais baisser les bras. Du côté de sa mère, elle a mis cinquante mille francs dans la vente de fournitures et accessoires scolaires. Bien que temporaire cette activité est très lucrative. En deux mois, elle a généré plus de 200.000 francs comme bénéfices.

De retour du travail, il constate que sa femme est joyeuse mais ne dit rien et va prendre sa douche. Autour de leur petite table, assis sur trois vétustes chaises en bois, ils prennent le dîner. Richard lui pose une question : pourquoi es-tu heureuse aujourd'hui chéri ? Jeanne répond : L'activité que je fais est très fructueuse. Puis elle lui donne les détails. Fier d'elle, il se lève de sa chaise et lui donne un baisé sur sa joue. Pour lui, c'est du jackpot. Willy voyant la joie de son père, explique aussi sa journée. Très content, il le félicite et touche sa tête en lui disant à l'oreille : je suis fier de toi mon fils.

Le lendemain, Richard voyant comment les choses avancent du côté de sa femme et son fils, décide de lutter d'avantages. Depuis quatre heures du matin, il se trouve à l'entrée d'une entreprise sous un temps glacial pour être le premier recruté. À sa grande surprise l'heure n'est pas la solution mais il lui faut connaître quelqu'un, soit un vigile soit un responsable de l'entreprise. C'est aux environs de dix heures qu'il a finalement été recruté. Il travaille jusqu'à dix-sept heures puis reçoit sa paie : cinq mille francs. Trouvant cela insignifiant, il cherche un autre contrat peu importe l'heure à laquelle il entrera à la maison. Il veut que sa femme et son fils soient fier de lui. Vu que le port n'est pas loin, il y va rapidement espérant trouver quelque chose. À son arrivé, il voit des personnes en train de travailler dans un entrepôt. Des hommes vigoureux qui mettent et rangent des sacs de riz de 50 kilogrammes dans des conteneurs. Il passe la sécurité sans s'en rendre compte et demande à travailler au chef magasinier qui le recrute parce qu'il y a beaucoup de conteneurs à charger mais peu de travailleurs.

À la maison, sa femme et son fils s'inquiètent vu qu'il n'est pas encore rentré. La montre indique 22h. Jeanne prend son portable et l'appelle pour avoir de ses nouvelles. Richard décroche et explique tout à sa femme sans toutefois préciser l'heure à laquelle il rentrera. Rassurée Jeanne encourage son mari dans sa lutte pour subvenir aux besoins de sa famille. Ensuite elle rassure son fils puis ils s'endorment.

Il rentre chez lui le lendemain à 17h mais cette fois avec une bonne nouvelle. Sa bravoure l'a démarqué des autres en sorte qu'il a été félicité par le chef magasinier de l'entreprise qui décide de le garder pour les contrats hebdomadaires avec un salaire de 25.000 francs. Sa femme est heureuse pour ce nouvel emploi fixe.

À l'école Willy ne cesse d'impressionner son maître. Il est très intelligent et avancé par rapport à ses amis en sorte qu'il donne l'impression qu'il a déjà fait la classe de CE1. Son instituteur approche le directeur pour que l'enfant soit mis au Ce2 vu son auguste niveau. Le directeur sachant l'enfant perspicace propose la classe de Cm1 mais avant il le fait passer un test. Il le met au tableau et donne quatre opérations : addition, soustraction, multiplication et division. L'enfant les réussit brillamment. Ensuite, il prend un texte extrait du livre de la classe de Cm1 suivi de questions mais là encore c'est comme un jeu pour lui. Toutes les réponses qu'ils donnent sont correctes. Il informe son maître ; l'enfant fera la classe de Ce1 cette année mais Cm1 l'an prochain.

À la maison Willy raconte tout à ses parents. Fier de leur enfant, ils le félicitent. Au lit, ses parents réfléchissent sur la façon d'aider leur enfant à être encore meilleur. Ils le voient étudier sans qu'ils ne l'emmènent à le faire. Ils arrêtent deux décisions. La première, l'enfant ne doit manquer de rien et la seconde mettre à sa disposition un répétiteur qui va l'aider à la maison car disent-ils tous les grands footballeurs ont des coachs et les entrepreneurs des mentors.

Le lendemain, Jeanne va voir un jeune lycéen brillant. Il est très poli et privilégie beaucoup ses études par rapport à tout en sorte qu'il est connu dans le quartier pour être puceau. À sa grande surprise, il refuse. Elle insiste mais il est toujours sur sa décision. Puis il stipule : Pourquoi voudrais-tu que j'enseigne ton enfant ? Simplement parce que je voudrais qu'il soit meilleur que toi car je sais qu'en grandissant tu as pu ou tu regrettes ce que tu n'as pas pu faire quand tu étais plus petit donc tu feras en sorte qu'il soit ce que tu n'as pas pu être. Et je sais aussi que l'élève fini par dépassé le maître. La fixant, il accepte car elle a trouvé les mots justes mais il refuse d'être payé parce qu'il connaît leur situation financière. Elle insiste et finalement il accepte qu'elle lui donne ce qu'ils voudront bien lui donner.

Le soir Bruce arrive chez eux pour faire la connaissance de Willy. Il est surpris de voir l'enfant en train d'étudier seul alors que c'est normalement l'heure à laquelle le dessin animé commence et tous les enfants qu'il connaît sont actuellement immobilisés devant la télévision. En réalité, il a fait exprès car il voulait voir si Willy ferait l'exception. Là, il est étonné et saisi par l'écriture de l'enfant. Il se présente en lui signifiant qu'il est désormais son répétiteur. Très content, il commence à lui montrer son cahier d'exercice avec ses notes. Dépassé, Bruce le met à l'épreuve à travers des exercices mais il le surprend en réussissant tout. Ce soir-là, il s'est attaché à l'enfant.

Raccompagnant le répétiteur, Jeanne lui demande si son enfant pourrait-être un bon élève ? Bruce répond : un très bon élève vous voulez dire. Ensuite, elle lui demande ce qu'il faut pour travailler avec son fils. Il cite un tableau, une boîte de 100 craies blanches, un cahier de 200 p avec un petit dictionnaire imagé. Le lendemain son mari achète tout ce que le répétiteur a demandé.

Le soir au travail, Richard est confronté à une situation très délicate. Aux environs de 2 heures du matin, son patron qui lui a donné le job est en train d'organiser le vol des tonnes de sacs de riz avec ses collègues. Ils insistent pour qu'il les aide Il refuse car c'est contraire à son éducation. Caché, il active la caméra de son petit portable et filme subtilement le chapardage. À la fin du vol, le responsable leur remet chacun 50.000 francs. Ce jour-là dix personnes ont été récompensées. Richard refuse de prendre le butin qui lui est remis. Son chef le menace de le lourder. Il discute et prend les 50.000 francs.

Le lendemain, le directeur parle d'un autre vol qui doit avoir lieu à la fin du mois alors qu'ils étaient au dix. L'un de ses collègues, lui dit que c'est ainsi que les choses se passent dans leur service. Très ébaubi, il se pose des questions. Dois-je resté encore ici ou démissionner ? Toute la nuit, il est obnubilé par cette préoccupation.

Arrivé au bercail, il explique tout à sa femme. Sans qu'il pose la question, elle lui propose de les dénoncer auprès du grand patron en montrant la vidéo et le montant qu'il a reçu. En clair, Le Président Directeur-Général de l'entreprise fait tellement confiance au chef magasinier et au directeur général qu'il n'ose même pas penser qu'ils feraient un tel cataclysme dans son entreprise.

À la grande surprise des travailleurs, voici le PDG et le DG qui descendent des escaliers. Le chef magasinier s'empresse de les rejoindre. Une fois auprès d'eux, il le rassure que tout va bien et présente ses meilleurs travailleurs parmi lesquels figurent Richard. C'est l'opportunité rêvé et Richard la saisie. Il prend un papier et écrit là-dessus avec une écriture médiocre disant : « je connais les voleurs urgent Richard ». Son problème est comment fait parvenir le feuillet au PDG ? En s'approchant de l'un des camions par inattention le PDG fait tomber un petit carnet. Alors Richard accourt, soulève le carnet et introduit son feuillet avec délicatesse dare-dare. Celui-ci le remercie et s'en va.

Arrivé à son bureau, il s'assoit puis dépose son carnet à côté de son PC (ordinateur personnel). Après avoir passé trente minutes sur son ordinateur, il décide d'écrire quelque chose d'important dans son calepin et là il voit le feuillet avec le message de Richard. Sa main sur sa tête, il appelle sa secrétaire puis la commissionne après lui avoir montré le mot. Comment c'est possible ? dit-elle. Il se calme et lui demande d'exécuter ce qu'il lui a dit. Comme une experte, elle va à l'entrepôt et observe les travailleurs pendant quinze minutes. Richard se démarque par sa bravoure mais c'est insuffisant pour penser que c'est lui. Son collègue qui avait pour habitude de le taquiner, lui dit à haute voix : « vient ce soir et on ira au night-club manger les interdits ». Il répond : je suis un homme marié. Aussitôt elle s'approche de lui et dit : êtes-vous Richard ? Il répond : oui c'est moi. Rapidement, elle lui dit que le grand patron veut le voir tout en faisant en sorte qu'on ne les remarque pas ensemble. Sur son indication, il se rend au bureau du boss.

Dans le bureau, Richard à froid à cause de la climatisation. Ne faisant pas attention son chef lui demande des éclaircissements. Il explique tout avec sa petite vidéo et présente les 50.000 francs qu'il avait reçus. Dans sa rogne et se sentant trahi, d'un coup violant de sa main il renverse le petit pot de fleurs au sol qui se déglingue. Sa fille le calme et explique à Richard que son père perd chaque année plus de 50.000.000 de francs. Il remercie son employé mais constate qu'il tremblote. Qui a-t-il Richard ? dit son chef. Sa fille compris que c'est le climatiseur et le règle au degré normal. Richard se reprend. Dix minutes après, il précise qu'il y aura un autre vol avant la fin du mois et qu'ils sont à l'écoute lui et ses collègues. Le PDG lui donne rendez-vous le lendemain à la gendarmerie. Avant de sortir du bureau, il reçoit dix mille francs de la part de son chef puis sa carte de visite avec son numéro personnel. Richard va à l'entrepôt sans jamais se faire remarquer. Le soir chez lui, il explique tout à sa femme.

À la gendarmerie, Richard explique tout avec la vidéo à l'appui. Rapidement, il est innocenté mais l'officier lui demande de jouer le jeu et leur communiquer la date et l'heure afin qu'il les surprenne en flagrant délit lui y compris les voleurs afin qu'il n'y ait pas de représailles après. Richard consent.

Arrivé au travail, ses collègues l'informent que le pacha va les voir par rapport au bisness. À 22 h, le chef magasinier les informe que c'est pour le samedi à 1 h 30 minutes. Le matin étant chez lui, il informe le PDG qui informe la gendarmerie. Les dispositions sont prises car c'est dans deux jours. Le chef donne une paire de lunette doté de caméra à Richard pour qu'il la porte. Le jour étant arrivé, les travailleurs, le DG et le chef magasinier sont présents pour l'opération. Richard filme tout. Pendant que tout est en train d'être fait et que les conducteurs des camionnettes sont sur le point de démarrer tous sont pris la main dans le sac. Quinze personnes sont arrêtées ce jour-là y compris Richard.

Arrivés à la gendarmerie, les voleurs sont surpris de voir le grand patron. Le directeur et le chef magasinier n'osent pas soulever leurs têtes pour regarder leur patron...les gendarmes s'occupent du reste tous sont mis en prison y compris le directeur et le chef magasinier qui doivent rembourser au PDG tout ce qu'ils ont détournés depuis qu'ils sont en service car les gendarmes les firent tout avouer. Toutefois, après le procès le verdict tombe, les deux responsables sont déférés pour une peine d'un an mais doivent payer chacun 150.000 millions de francs.

Au service le PDG appelle Richard dans son bureau et lui fait une confidence : Les vols m'ont coûté plus de 500.000.000 de francs au cours de ces dix dernières années. L'atmosphère est très détendue en sorte que son chef s'adresse à lui comme un ami au lieu d'un employé. Ensuite, il décide de le récompenser en l'embauchant en tant que chef magasinier avec un salaire de 350.000 francs. Voyant le travail que le précédent chef abattait, il désiste à cause de son bas niveau scolaire. Alors son chef lui propose le poste de superviseur avec un salaire de 250.000 francs. Puis il lui demande ce qu'il veut comme don dans l'immédiat par rapport à ses actes. L'avenir de mon fils lui dit Richard. Aussitôt, le PDG pris la décision de payer l'école de son fils jusqu'à l'université. Content il signe le contrat et le remercie.

Le soir à la maison c'est la fête dans la famille Konan car avec sa bravoure, Richard est le héros du jour. À table, il reçoit un coup de fil. Il fait signe à sa femme et murmure : mon boss, mon boss...Décrochant le téléphone, son patron le remercie encore et lui demande s'il ne connait pas quelqu'un qui pourrait être le chef magasinier de l'entrepôt. Il est fort possible que je connaisse une personne mais accorder moi deux jours pour entrer en contact avec cette dernière. En réalité, il a pensé à la famille qui les avait aidés alors qu'ils étaient dans la souffrance. Son patron accepte et décide de saluer sa femme. Richard passe le téléphone à Jeanne et pendant plus d'une minute c'est un patron fier de son employé qui parle. Après l'échange la famille Konan mange et boit (boissons non alcoolisées) à leur succès.

Le lendemain avant de partir au travail, Richard se rend chez la bonne famille qui les avait aidées à scolariser leur enfant. Il rencontre Yves le chef de cette famille.

En bon voisin, il le reçoit puis lui demande les nouvelles. Mon patron a besoin d'un chef magasinier avec un salaire de trois cent cinquante mille francs. Yves ne sait que dire car en réalité il a aussi un diplôme en gestion des stocks. Vu le salaire, il accepte le travail et remercie son mitoyen. Sur place Richard appelle son patron et lui dit qu'il a trouvé la personne idéale pour le poste. Ils prennent rendez-vous. Rapidement Yves s'apprête et ils se mettent en route.

Au service, les deux sont reçus. Le PDG raconte ce que Richard a fait pour lui dans les moindres détails afin que comme lui, il puisse l'aider à relever son entreprise et veiller au bon fonctionnement de celle-ci. D'un commun accord après lecture du contrat Yves appose son seing.

Le soir, les deux familles dinent ensemble : la famille Konan et la famille Dubois. C'est la joie, la vraie amitié qu'on lit sur les visages. Avec le portable d'Yves, ils prennent deux belles photos d'ensemble. Après le diner, les deux hommes sont ensemble, les deux femmes également et les enfants sont aussi de leur côté. Une gaieté sans pareille emmêlé dans les pas de danse. Après la petite fête, la famille Dubois décide de rentrer à la maison. Les raccompagnant chez eux, Yves remercie encore Richard pour son altruisme envers lui et sa famille. Tu as fait plus pour nous lui dit son ami.

À la maison Yves explique à sa femme que grâce au geste de Richard, il aura désormais trois cent cinquante mille francs comme salaire alors qu'au paravent il avait deux cent cinquante mille francs. Très heureuse, elle remercie le Ciel.

Au travail Richard et Yves abattent un travail extraordinaire en sorte que le patron est fier d'eux. La rentabilité est sans pareille. L'entreprise est à fond, le chiffre d'affaire s'annonce très positif et pragmatique.

L'épouse de leur patron organise une petite fête en guise de reconnaissance à Richard pour son honnêteté, sa philanthropie et sa témérité dans le travail. Informé par cette dernière, il prend ses dispositions avec sa famille pour ce jour symbolique. Le moment étant arrivé, c'est le chauffeur personnel de Dagri qui va les chercher dans sa seconde voiture, une voiture de luxe grise. Les habitants du quartier précaire cocoteraie, regardent la voiture entrée. Plusieurs se disent : que vient chercher une telle personnalité dans notre quartier « gbaka » (argo pour dire bizarre)! D'autres présupposent que c'est pour une visite en vue d'éradiquer leur faubourg. Soudain, la voiture se dirige vers l'une des familles les plus démunies du quartier : la famille Konan. Elle sort très bien habillée et monte dans la voiture. Les voisins dépassés ne purent dire un mot. Le chauffeur les conduit dans un quartier résidentiel réputé.

Arrivé au portail de la grande villa qui cumule en tout 15 pièces, Richard, sa femme et son enfant sont étonnés à cause de la beauté et la grandeur de la maison. Ils sont accueillis à l'entrée du portail de la résidence par la famille Dagri. Tout se passe au second salon. Des plats somptueux ornent la table et la boisson ruisselle telle une cascade d'eau dont les fines goutes touchent vos vêtements et vous tendez votre langue pour en ingurgiter. Tous mangent, dansent et boivent. Après le régal, les enfants se mirent à jouer ensemble mais Willy est dépaysé. Il ne connait pas un ordinateur, ni une tablette, ni même les jeux vidéo. Marc l'un des fils de Dagri se confie à Willy en lui faisant savoir qu'il n'aime pas l'école.

Dans sa chambre, il lui montre ses exercices. Willy se presse de les voir et aussitôt se met à tout lui expliquer. Rapidement Marc prend un cahier et les deux se mettent à les traiter. Il est surpris par la rapidité avec laquelle Willy les traite. À la fin de la cérémonie Hortense la femme du chef remet à Jeanne des pagnes de prix et son mari offre à Richard un chèque de deux cent mille francs avec une montre de prix. Quant à Willy, il reçoit des habits et chaussures. Au nom de sa famille, Richard remercie son patron et sa femme puis ils rentrent chez eux. Dans la voiture, le conducteur les remercie encore et encore tout en leur expliquant les peines de son boss depuis des années à cause de ces grands vols répétés.

Le lendemain, durant le petit déjeuné Marc fait remarquer à son père l'intelligence remarquable de Willy. Son père lui dit : comment ? Marc répond : il a traité tous mes exercices en moins d'une heure. Je suis certain qu'il a tout trouvé mais si c'était moi je ne trouverais rien. Alors son père lui demande d'apporter le chœur-d 'œuvre. Il les remet à son père qui les remet à son fils ainé ; un étudiant en quatrième année de droit. Il vérifie et ne voit aucune faute pourtant il y a sept exercices traités devant lui. Deux exercices de Mathématiques, deux exercices d'histoire puis des exercices de grammaire, orthographe et conjugaison. Dagri est étonné de voir que pendant la fête il a trouvé un temps pour se concentrer.

À l'école son maître, l'informe qu'il a été choisi pour représenter son école au concours des meilleurs élèves en classe de Ce1 de la métropole. Il ajoute que d'autres élèves ont été choisis aussi dans leurs établissements respectifs. Content, il saute de joie parce qu'il est certain d'être le meilleur du concours. Avant qu'il soit lancé, des directeurs y compris le directeur de son établissement s'appellent pour parier chacun sur son candidat en fonction de la classe. Monsieur Kader parie sur Willy mais il ne prit pas le risque de parier sur les autres élèves des autres classes. Trois autres le suivent et parient aussi sur leurs candidats en classe de CE1. La somme du pari est de cinquante mille francs chacun.

À la veille du concours, le directeur appelle Willy, le fait assoit sur sa cuisse droite et lui dit : je sais que tu seras le meilleur. Tiens ces deux stylos bleus neufs avec cette règle de trente centimètres, mets les dans ton sac. Prouves ta valeur, distingues toi et montres que les petites écoles regorgent aussi les cadres de demain. Le soir, il informe ses parents qui le bénissent avant qu'il parte concourir. Sa mère est avec lui et avant d'entrer en classe, il accourt et lui fait une accolade. Etonnée, elle lui donne un baisé sur la joue.

Dès que le signal est donné, chaque élève regarde sur sa feuille. Willy se met à traiter les exercices telle une machine en sorte que le surveillant s'approche pour voir ce qu'il est en train de faire. Il n'arrive pas à articuler un mot car l'enfant à presque fini et il n'y a pas une erreur. Après la dictée, en trente minutes, Willy a fini l'étude de texte la seconde épreuve. Ce scénario se répète pour l'épreuve de mathématiques et d'éveil au milieu. Ce qui a marqué l'un des surveillants c'est la dictée car l'enfant avait l'oreille et sa main écrivait telle une tête d'impression d'une imprimante. Tous les surveillants de sa classe en sortant de leur salle parlent de lui et l'indexent lorsqu'ils sont entre collègues. Lorsque les épreuves sont terminées, il va auprès de sa mère et la rassure que tout s'est bien passé. En partance pour la maison, un surveillant s'approche, salue sa mère et la félicite pour le travail qu'il a vu son fils accompli. Merci lui dit-elle.

Le soir le directeur de son établissement appelle Monsieur Konan afin d'échanger avec son fils. Avant qu'il ne lui passe le téléphone les deux échangent pendant deux minutes. Willy a le téléphone portable et il le rassure que tout s'est bien passé. Cette nouvelle le met dans une grande joie. Une semaine après, les résultats sortent, Willy est de loin le meilleur des élèves en classe de Ce1 de la région avec la mention Très bien. En réalité, il ressort plus tard qu'il n'a pas fait de fautes et tous les correcteurs étaient dépassés. Monsieur Kader appelle ses collègues et encaisse son argent.

Willy rentre à la maison avec cette bonne nouvelle. Ses parents en plus de le féliciter lui achètent un poulet entier pour l'occasion. Pendant qu'ils sont à table, Jeanne dit : J'ai une vie en moi. Richard répond : oui chéri c'est pourquoi tu es vivante. Elle reprend : j'ai une autre vie en moi. Richard répond : oui mon épouse, on est plus démunie comme avant. Elle reprend encore : j'attends Willy II. Richard se lève, la serre fortement dans ses bras et dit : je serai encore père, je serai encore père, je serai encore père... Willy ne comprend rien. Sa mère s'approche et lui dit : « J'attends un bébé dans mon ventre ». Willy lui dit : Pourquoi n'as-tu pas un gros ventre ? Mon ventre grossira plus tard. Lui dit-elle. Il s'égaie tous de cette bonne nouvelle.

Le lendemain au service Richard s'empresse d'informer son patron du résultat de son fils. Quand il l'informe, il n'est pas surpris car il avait vu son travail remarquable avec son fils mais il comprit rapidement qu'il faut suivre l'enfant de prêt afin qu'il puisse donner le meilleur de lui-même. Il propose à Richard la tutelle de son fils après son CEPE c'est-à-dire le Certificat d'Etude Primaire Elémentaire... D'accord chef lui répond son employé. Vu la nouvelle selon laquelle il serait encore père, il décide de déménager pour une maison plus grande.

Après le diner, il en parle à sa femme qui valide l'idée. À son tour, elle lui fait le point de son activité car la vente de fournitures et accessoires scolaires était passée. Elle enlève son fond de commerce et compte le reste d'argent qui s'élève à cinq cent mille Francs. Tu es formidable lui dit-il. Lorsqu'ils totalisent tout ce qu'ils ont sur eux, Richard ricane et pleure de joie. Sa femme le prend dans ses bras et pleure avec lui. Ils ont vécu des situations de galère au point où il n'avait plus d'espoir mais avec ce qu'ils sont en train de vivre depuis un certain temps... Dans leurs mains se trouvent 50 billets de dix mille francs alors qu'avant il gagnait seulement 5000 francs pendant 5 jours ou 5 000 par jour pour lui et sa famille. Ils font une répartition du montant de sorte à répondre à leur besoin. Trois cent mille francs pour la caution de la nouvelle maison, deux cent mille pour les meubles, un compte bancaire ouvert au nom de Willy bloqué pour dix ans puis deux cent mille francs pour le commerce de sa femme et cent mille pour les besoins primaires. En plus des 500.000 francs de sa femme, il avait lui-même 300.000 francs.

Deux mois se sont écoulés, la famille Konan respire la santé financière à petite échelle. Nouvelle maison, nouvelle décoration, nouveaux meubles...Richard reçoit un appel de son oncle qui le salue et l'informe de la maladie de son cousin. Il cherche à avoir les détails. En fait, celui-ci souffre de la cirrhose du foie qui nécessite au moins cinq cent mille francs pour les premiers soins vu le stade de la maladie. Lui dit son parent. Richard s'efforce, s'endette et envoie cent mille francs par mobile money. Il ne se préoccupe pas trop du reste car pour lui les autres membres de la famille réagiraient vu leurs statuts sociaux. Le travail l'occupe beaucoup. Toutefois, il appelle souvent pour avoir des nouvelles de son cousin.

Une semaine après, celui-ci décède car l'argent demandé n'a pas été entièrement donné pour les soins. Informé de la situation, Richard se met a pleuré la mort de son cousin. Le travail fait qu'il n'a pas pu être à la réunion familiale pour la planification des funérailles et enterrement. En résumé, il ressort que pour l'organisation des obsèques, un montant de sept cent mille francs doit être rassemblé avant le départ pour le village. La date funéraire est fixée dans quinze jours. Déjà les contributions volontaires des membres de la famille s'élèvent à cinq cent mille francs puis six cent et huit cent mille francs. En deux jours seulement, plus du montant demandé a été rassemblé. Richard s'efforce de comprendre cette mentalité mais c'est un mystère pour lui.

À l'hôpital on avait besoin de cinq cent mille francs pour enclencher les soins afin de stabiliser son état mais le montant ne fut pas rassemblé depuis plus de sept jours pourtant dès qu'il est mort, l'argent a été rassemblé en un rien de temps et même plus. Soliloque Richard. C'est méchant dit-il ! Il prend la décision de ne pas partir aux obsèques car pour lui c'est de la sorcellerie en pleine journée. Jeanne l'en dissuade et lui conseille de s'y rendre pour la mémoire de son cousin.

Aux funérailles, Richard ne peut plus s'asseoir, son cœur bat à la vitesse de la lumière. Muet comme s'il a une corde attachée à sa gorge et figé comme s'il est ligaturé entre deux piloris. Ses parents enjolivent ces funérailles. Ils sont depuis plus de trente minutes dans les prodigalités pour soutenir la famille en deuil. Deux cent mille francs donnés par telle famille, cent mille francs telle personne, cent cinquante mille francs de la part de telle, quatre-vingt-dix mille francs de telle personne… déjà un total de plus d'un million cinq cent mille francs. Les connaissances font aussi leurs gestes. Toutes les contributions s'élèvent à deux millions cent mille francs. Déçu de sa famille, il décide quand même de rester pour la mémoire de son cousin.

Le jour suivant, ils vont tous à la levée de corps, après ils vont à l'enterrement. Tout est fini, Richard rentre à la maison, il raconte tout à sa femme. Elle lui dit ; ce sont là les mystères de l'Afrique. Pourtant le A symboliserait l'Amour, F pour Fraternel, R : Résistants, I : Invaincus, Q : qui, U: unis sont E : Éblouissants .Richard dit : « CCA c'est-à-dire c'est ça l'Afrique »…

Le directeur entre dans la classe de Ce1 et présente l'inspecteur du ministère de l'éducation nationale aux élèves. Celui-ci décide de tester la classe à travers des questions de cours. Il commence par la table de multiplication. Un élève se démarque et sauve sa classe. Il donne un exercice de grammaire. Cet élève trouve tout. Il va en histoire-géographie afin de poser des questions pièges. L'enfant répond avec brio. Voyant que le petit est à la hauteur de ses attentes, sans s'en rendre compte, il pose une question d'un haut niveau : Quelle est la superficie de l'Afrique ? L'enfant répond : 30 415 873 km2. L'inspecteur vérifie sur internet à travers son portable Android. Il fixe cet écolier en faisant un large sourire. C'est correct dit-il. La classe applaudit. Il lui dit : comment t-appelles-tu ? Konan Willy lui répond l'enfant. Félicitation et bonne continuation…Auprès du directeur, il dit: cet enfant est sensationnel, émérite et fabuleux.
Qui ? dit le directeur.
Konan Willy !
Oui c'est un génie ; il est même le premier de sa classe.

Au cours de l'année il y a eu cinq compositions ; Willy a été le major de sa classe. Pour encourager les meilleurs élèves, une fête est organisée au sein de l'établissement scolaire. Tous les parents sont invités. Durant la fête, le directeur monte sur l'estrade, appelle les meilleurs élèves par classe et les félicite avec une récompense de quelques livres et accessoires scolaires. Mais il a gardé le meilleur pour la fin. Il s'arrête un peu, appelle Willy et l'aide à monter sur l'estrade. Pendant cinq minutes, il fait ses éloges en ces termes : Notre école n'a jamais eu au paravent un élève brillant comme cet enfant. Il est très intelligent, réactif et poli. La preuve il a été le premier de sa classe lors des cinq compositions sans faire une faute dans les épreuves. Les autres parents voient un petit garçon mais avec le témoignage du directeur, ils sont tous abasourdis car il n'avait rien pour présager son travail exceptionnel. L'un de ses amis auprès de son père dit : papa il faut être avec lui en classe pour comprendre ce que le directeur dit ; il est très fort. Tous l'ovationnent.

Le directeur profite de cette occasion pour leur confier un secret. En effet, il explique ce qu'il avait fait à ses collègues et la somme d'argent qu'il avait eu grâce au travail exceptionnel de Willy. Tout le monde s'esclaffe et ovationne le petit perspicace. En plus de lui donner le même cadeau que ses amis, le directeur ajoute une enveloppe de 50.000 francs. Jeanne de sa place fend en larme... Dévalant le petit escalier de l'estrade, il accourt vers sa mère et se jette dans ses bras. Tous les invités se lèvent y compris le directeur applaudissent encore et encore.

Une fois à la maison, Willy se repose non pas sur sa petite vieille natte mais sur son petit matelas couvert d'un drap sur lequel il était écrit : Je pense que tu peux tout avoir. Tu as juste à travailler très dur, parce que les grandes choses ne viennent pas facilement.

Richard informe sa famille qu'ils iront à la pêche le weekend prochain. Willy est très heureux de prendre part à cette partie et s'impatiente. Aux environs de dix-huit heures, Alin, le grand frère de l'un des camarades organise le chapardage des noix de cocos. En file indienne, ils avancent derrière lui puis furtivement ils déchirent les bâches qui les couvrent, prennent et courent avec elles. Willy les observe mais ne le fait pas aussi car il veut être irréprochable comme son père. Il refuse même d'en manger et se met à la place des vendeuses. Celles-ci les avaient entassés auprès des cocotiers afin de revenir le lendemain pour les tailler puis les vendre.

Arrivé à la maison il explique à sa mère l'acte de ses amis. Elle le félicite et lui dit de suivre toujours l'exemple de son père.

Jeanne à rendez-vous avec son docteur pour le suivi de sa grossesse. Richard décide de l'accompagner à l'hôpital car l'échographie avait montré que c'était une fille. Arrivé dans le centre de santé, Richard va vers le docteur qui est en charge du suivi de sa femme et la lui confie. Il sort pour effectuer un appel. Il voit une famille qui plaide afin d'avoir une place pour leur malade mais les aides-soignantes stipulent qu'il n'y a plus de place ; le malade peut aller dans un autre centre de santé. Ils implorent la compassion du personnel soignant vu que celui-ci agonise presque. Nous sommes navrés mais le centre est submergé. Ces derniers insistent encore : non, non, non il n'y a plus de place dit une aide-soignante. Ça tourne à une chamaillerie. Richard s'approche en même temps qu'un docteur. Celui-ci corrobore la version des quatre aides-soignantes. Déçu, le Frère du malade propose cent mille francs pour une place en vue des soins. Apporté une civière dit le docteur ! Alors elles la font venir et foncent à toute vitesse avec le patient. Mais celui-ci rend l'âme avant qu'elles atteignent la salle d'urgence. Richard a très mal au cœur pour ce qui vient d'arriver. La famille du défunt pleure fortement… Ce dirigeant vers sa femme, il voit le docteur qui a contribué au décès de ce monsieur près de sa voiture 4/4 neuve. Richard se dit : si un docteur roulant dans une telle voiture ne peut pas aider un malade c'est que le monde est plus cruel qu'il ne le pense ! Il explique tout à Jeanne…Notre bébé se porte à merveille. Lui dit-elle. Ils retournent à la maison.

Dans le taxi Richard est étonné car au lieu d'écouter des musiques, il entend des cours d'anglais. Aussitôt, il entame une conversation avec le conducteur. S'il vous plait Monsieur c'est ma première fois de voir un conducteur écouter des cours d'anglais ! Je suis un étudiant en troisième année et je suis dans le département d'anglais. J'ai fait rapidement un permis de conduire à travers l'argent que j'ai gagné dans les cours à domicile. Grâce au taxi que je roule j'arrive à payer mes cours à l'université parce que mes parents sont décédés dès que j'ai eu mon BAC dans un grave accident de la circulation. Lui dit le conducteur. Mes condoléances et félicitation pour ton abnégation à tout faire pour réussir. Lui dit Richard. Les cours sont tellement bien dispensés que Richard prononce quelques mots.

- Est-ce ton professeur d'anglais qui parle dans l'audio ?
-Non, c'est un blanc qui dispense des cours d'anglais, espagnol et bien d'autres langues.
-Où pourrais-je avoir le DVD d'anglais pour en acheter ?
-Le DVD ne se trouve pas sur le marché mais c'est une connaissance qui avait plusieurs et j'en ai acheté au moins trois DVD avec elle.
-Pourrais-je avoir ce qui joue ?
-d'accord, donnez-moi 10.000 francs.
-Merci voici les 10.000 francs et 2000 francs pour le transport.
-Merci aussi pour avoir doubler le transport! Dit le conducteur.

Ils passent récupérer Willy chez la famille Dubois. À la maison, Richard ne remet pas le DVD à son fils mais il a une autre idée. Alors qu'ils sont à table, il met le DVD dans son gros poste radio multifonction. Assis, il entend des mots qui ne sont pas du tout le français. L'explication est claire et motivante ; il se donne le rôle de l'apprenant virtuel car il voie cela en un défi. En clair, la méthode employée par cet enseignant est très simple. Il y a avec lui des apprenants de la langue qui luttent pour la maîtriser. Tous les soirs, Jeanne met le DVD. Après avoir étudié Willy s'y jette à fond dans l'apprentissage. C'est maintenant son passe-temps en sorte qu'il rire lorsqu'un apprenant se trompe et se félicite quand il trouve. Le soir en rentrant à la maison Richard salue sa femme en français et son fils en anglais en disant : Good Evening my boy ! Willy répond: Good Evening Father! Il dit: How are you? Il répond : I am fine and you ? Richard très heureux soulève son fiston et le complimente...

C'est le weekend la famille Konan va à la pêche. Arrivée au bord de l'océan atlantique, Richard sort ses outils de pêche avec son appât. Ce sont : un rouleau de ligne de cent cinquante mètres, trois petits filets de deux m^2 avec les bronches, intestins et le sang des poissons thons qu'il a pris chez des vendeurs de « garba » (attiéké vendu par les hommes). Il attache un petit filet au bout de la ligne puis prend deux paumes d'appâts, l'entremêle au bout du filet et imbibe cette partie dans le saut d'appâts rempli de sang. Il le lance dans l'eau et patiente pendant plus de dix minutes. Le temps étant arrivé, il retire le filet de l'eau et attrape sept grosses carpes. Au deuxième lancé, il attrape trois autres gros poissons. Au troisième lancé, il dénombre 4 carpes, deux crabes et 6 alevins qu'ils rejettent aussitôt dans l'eau. Voyant que la pêche est fructueuse, il opte pour une stratégie plus efficace. Il prend les deux autres filets puis coupe six mètres sur le rouleau de ligne_qu'il scinde en deux de trois mètres. Il attache les deux filets au bout des lignes puis ajoute de petits flotteurs au bout des lignes pour permettre la flottaison. Pour la pêche avec la longue ligne, il met le reste du rouleau dans le sol emballé sur un bois et au moins cent mètre sont tendus dans la mer. Il capture encore des poissons.

Quant aux deux petites lignes, ils les lancent avec les filets, les appâts et les flotteurs dans l'eau. Là c'est à la nage qu'il va les chercher ; le premier filet puis le deuxième. Il totalise quinze poissons. Ensuite, il remet les appâts et les relancent encore. Il vient du côté de la longue ligne et il capture dix carpes. Jeanne et son fils sont très heureux. Il relance mais attend un peu car il est fatigué. Sur la plage, il commence à avoir un peu de vent qui souffle fortement. Les vagues grossissent au fur et à mesure. N'étant pas du tout apeuré, Richard va chercher ses filets. Plongeant, il prend le premier filet puis le deuxième vu que les deux ne sont pas trop éloignés. C'est encore l'abondance. Nageant pour regagner la plage derrière lui, une grosse vague se forme. Jeanne crie fortement : chéri, il y a une grosse vague derrière toi. Regardant derrière lui, Richard se dépêche et entre dans le cœur de celle-ci. Mais ce n'est pas encore finit, il y a une seconde puis une troisième. Comme un professionnel, il perce les deux vagues et regagnent finalement la plage.

En réalité, dans l'eau il pensait à survivre donc il a perdu des poissons. Il a au moins 10 poissons. Sortant le troisième, il attrape huit poissons. Les appâts sont quasiment finis, il lance son avant dernier coup et totalise plus de vingt poissons avec cinq crabes. Plusieurs personnes viennent voir les poissons que Richard a attrapés ; parmi eux des touristes blancs qui se sont arrêtés un peu pour observer les poissons capturés par Richard. Vu leur nombre et leur forme, ils sont ébahis de voir ceux avec quoi il pêche. Willy n'a jamais vu des blancs de si près, il a un regard de stupéfaction. Il fait signe à sa mère avec un large souris. Quand ceux-ci s'en vont, il les regarde jusqu'à ce qu'ils soient très loin d'eux.

Il lance son dernier coup avec les trois filets et attend plus de vingt minutes. L'un des filets commence à prendre de la hauteur doucement puis rapidement. Le filet est à plus de deux cent mètres et continue de monter. Richard se dépêche pour solliciter l'aide d'un maître-nageur au Beach qui était près d'eux pour avoir un grand flotteur de sauvetage. Il est convaincu que c'est un gros poisson. Sa femme et son fils le regardent partir. Il nage jusqu'à ce qu'il parcourt cinq mètres car c'était la distance qu'il y avait entre lui et le filet et déjà il voie ce gros poisson qui se débat pour sortir du filet. Il s'approche précautionneusement, l'emballe encore avec le filet et le met sur le flotteur avec un peu de difficulté. Puis il nage jusqu' à ce qu'il arrive sur la plage avec son jackpot. Plusieurs s'approchent pour voir le poisson qui a une forme et une longueur impressionnante. Il sort les deux autres filets dans lesquels se trouvent chacun quatre poissons. Richard dit : c'est certainement la présence du gros poisson qui l'a fait. À la fin, la famille Konan rentre avec plus de poissons que prévu surtout avec la grosse carpe. Richard apporte un tantinet de poissons à son ami Yves.

C'est Bientôt les cours de vacances. Richard appelle, le maître de son fils puis le directeur pour leur faire part de sa décision. En effet, il voudrait que son fils fasse la classe de CM1 et à la rentrée prochaine, il fera CM2. Sans discuter le directeur et le maître valident rapidement après s'être concertés. IL appelle aussi Bruce et l'informe de sa décision. Celui-ci établit son programme d'étude et commence à travailler avec l'enfant. Ses amis sont surpris de le voir au CM1 alors qu'il devrait être normalement au CE2. Vu le travail admirable du répétiteur, Willy se distingue déjà en classe. Assidu et ponctuel, il se démarque en répondant correctement aux questions de son maître. Ils l'applaudissent sur l'ordre de son enseignant…

De retour à la maison, sa mère l'envoie acheter une boîte de tomate. Une fois chez la vendeuse Willy, voit une femme désespérée à cause de sa situation financière. Elle a au dos un enfant d'un an, sur le banc deux filles assises de part et d'autre et un garçon au sol qui dort sur la natte. Son mari connu pour être un grand coureur de jupon l'a finalement quitté en laissant les enfants à sa charge. Il était en face d'une pauvre dame sans diplôme et sans qualification vivant de son petit commerce. Un autre garçon de quinze ans vient et lui remet 15000 francs. Elle le serre dans ses bras car ça fait quatre jours qu'il a quitté la maison pour travailler sur un chantier de construction en tant qu'aide-maçon. Il dit à sa mère : « j'ai pu avoir ce montant pour te soutenir ». Elle réveille les autres afin qu'ils voient leur grand-frère. Willy se remémore automatiquement ce qu'il a vécu avec ses parents. Il retourne à la maison et explique à sa mère ce qu'il a vu et entendu. Alors sa mère lui dit : sois toujours le meilleur à l'école car c'est une grande clé de la réussite.

Le soir la famille Konan est assise devant sa porte pour bénéficier du vent naturel. Soudain une vive discussion éclate dans la cour voisine. Richard court et voit un jeune garçon qui est en train de tabasser son père. Il se précipite, enlève le jeune de dessus son père et le somme de ne plus le toucher. Sinon que vas-tu faire ? Lui dit ce dernier. Richard s'éloigne avec le vieux mais son fils attrape sa chemise. Sans réfléchir, il le roue de coup de poings. Les effets des coups de Richard font qu'il a des difficultés pour se lever, il va dans tous les sens. Des jeunes présents se moquent de lui en disant : il est tellement sonné qu'il ne voit plus clair. Richard promet de faire pire si jamais cela venait à se répéter. Il s'éclipse. Plusieurs le remercient et d'autres le salue pour sa bravoure. Après c'est pour accuser le pauvre vieux de sorcier demain lorsqu'il va échouer dans la vie ne pensant même pas qu'il est en train de se parsemer de malédiction en le frappant. Dit Richard. Jeanne est fière de son mari.

Des jours sont passés, les cours de vacances sont terminés, les élèves attendent le classement. Willy est le premier de sa classe avec 9,99 de moyenne sur 10. C'est avec une grande joie qu'il rentre à la maison. Ses parents se réjouissent de son travail.

Au service, l'un de ses collègues lui parle de l'importance d'un ordinateur bureau. Convaincu, Richard en achète à sa descente. Son confrère l'apprend à manipuler. C'était difficile au départ mais avec le temps il commençait à s'adapter.

La rentrée est dans deux semaines, il contacte un prêt d'un million cinq cent mille francs auprès de sa banque pour financer l'activité de sa femme. Cependant, il y a un souci car Jeanne est presqu'à terme. Les deux s'asseyent et décident de recruter deux personnes pour l'aider dans sa tâche. Elle n'aura pas à faire trop de mouvements, seulement elle doit être présente pour réceptionner les recettes et passer les commandes.

De son côté Willy se lancent dans la chasse aux margouillats avec ses amis. Ayant capturé deux, ils les attachent sur un bois au sol puis les injecte de l'eau de mer. Ils deviennent raides puis meurent après quelques instants. Les enfants se félicitent pour les vaccins administrés à leurs patients. Avant la capture, il a pris le soin de s'en éloigner afin de ne pas participer à la torture de ceux-ci. Pour lui fait du mal à un animal est une méchanceté de trop, une cruauté passible de sanction et qui pourrait avoir des répercutions très grave. Soudain, les jeunes filles parmi eux les appellent. Au total huit enfants dont trois filles et cinq garçons. Ils étaient derrière la grande cours au niveau des maisons inachevées. Mariam tire Willy par son tricot afin qu'ils entrent dans la troisième pièce. Sans avoir d'arrières pensées, il la suit mais sur place, elle commence à s'éplucher, là il détourne ses yeux et court en sortant. Bernard jette un coup d'œil et voit qu'elle est comme le noyau d'une mangue. Il comprit pourquoi son ami est sorti. Il la rejoint et s'entiche sexuellement avec elle. Sophie voyant cela pris un autre garçon... Willy prit la main de son alter ego afin qu'ils s'en aillent. Celui-ci accepte. Finalement les autres y sont restés pour faire l'impensable.

Il arrive devant sa mère et explique ce qui est en train de se passer de l'autre côté, celle-ci prévient deux de ses voisines et ensemble elles se rendent sur place. Les dits de Willy et Ange sont avérés. Ils sont chopés nus. Leurs parents sont avertis. Les parents de Mariam ne dirent rien car pour eux tôt ou tard leur fille allait connaitre ce moment. Un autre est sévèrement frappé par sa mère mais Sophi et Kevin sont sévèrement fouettés et du piment écrasé est mis sur leurs parties intimes. La brulure fit qu'on les entendait même au-delà de cent mètres. Jeanne y compris les autres femmes rassemblent les enfants concernés et leur donnent des conseils à ce sujet en leur faisant comprendre que cet acte est uniquement réservé aux grandes personnes après le mariage. Par conséquent, ils ne doivent plus le faire sinon ils seront sévèrement fouettés. Jeanne pose une question aux enfants : Ou avez-vous vu cela ? Un enfant répond qu'il voit son père et sa mère le faire en sa présence chaque deux jours...un autre dit qu'il le voit dans les films d'amour de 13h 30 et 19h30 en présence de sa mère. Le troisième les surprend en disant qu'au salon, son père met des films pornographiques à partir de 23 h et regarde avec sa mère. Etant couché avec son drap transparent qui le recouvre, il fait semblant de dormir or il regarde en cachette étant sous le drap...Le dernier parle des revues pornographiques de son père cachées sous le lit, dans la poche de la petite valise. Les parents dépassés comprennent qu'ils sont à la base de ce que les enfants faisaient. Ils prirent chacun leur disposition afin que cela n'arrive plus. Quant à Willy, il écoute ses cours d'anglais dans le salon les pieds croisés sur la table principal. Il récite par cœur toutes les leçons car il les a toutes assimilées.

Le lendemain, en présence de ses amis il dit : Good Morning ! How are you ? What is your Name ? ...Plusieurs cherchent à savoir dans quelle langue il parle tandis que d'autres savent que c'est l'anglais mais ils sont tous dépassés pour son accent anglais. Connaissant son succès à l'école, l'un de ses amis affirme qu'il est forcément un surdoué. Aussitôt, il pose une question : Qu'est-ce qu'un surdoué ? Aucun ne répond excepté celui qui le qualifia de surdoué. Un surdoué est un enfant très très intelligent c'est-à-dire qu'il est fort par son intelligence comme superman est fort par ses pouvoirs.

En route pour le home, il répète je suis un surdoué, je suis un surdoué car je suis très très intelligent. Arrivé devant sa mère, il radote la même chose. Oui mon fils chéri répond Jeanne.

Richard vient d'arriver du boulot, il salue sa femme comme d'habitude en français et son fils en anglais. Après avoir répondu, Willy lui fait savoir qu'il est un surdoué. N'est-ce pas papa ! dit-il à son père. Richard également répond par l'affirmatif mais en réalité il n'a jamais pris la peine de connaitre la définition de ce mot.

Au service, il cherche à en savoir plus sur les surdoués. Yves va sur internet et ils découvrent ensemble que le surdoué est une personne (enfant ou adulte) dont les capacités intellectuelles dépassent significativement la norme. Ensuite,

Yves va sur un moteur de recherche afin de trouver des vidéos de surdoués. Il tombe sur plusieurs vidéos et choisit celle qui parle des sept enfants surdoués au monde. Richard comprend que c'est un gros mot et que ce sont des personnes rares. À la maison, il ne dit rien à son fils car il ne savait comment lui expliciter.

Un mois est passé, les cours ont débuté. Les élèves de la classe de CM2 sont face à un enseignant très sévère. Celui-ci dans le souci de faire 100% à l'examen établit des règles avec ses élèves comme un nazi qui veut se distinguer dans la Wehrmacht. Les cours commencent à 7h au lieu de 7h 30 minutes. Tous ses élèves doivent toujours connaître leurs leçons avant de venir au cours. Ne jamais manqué à ses cours sauf pour des cas graves signalés d'avance par les parents... Willy raconte les règlements de son maître à ses parents.

Le lendemain, le chef de classe met de l'ordre car le maître n'est pas encore arrivé. Certains révisent leurs cours tandis que d'autres jacassent. Parmi ceux qui babillent, il y a Brou un élève perturbateur, impoli, turbulent que personne n'arrive à rasséréner. Après des avertissements du chef, il continue de perturber ses amis. Le chef de classe prend ses responsabilités en prenant une feuille afin d'écrire son nom. Il a lui seul son nom au recto et au verso de toute la feuille. Malgré cela, il s'obstine à troubler la classe et menace le chef sous prétexte de le frapper lorsqu'ils seront hors de l'école si jamais celui-ci met son nom sur une quelconque liste des loquaces.

Leur maître vient de franchir le portail de l'école et entend un grand bruit qui vient de sa classe. Un élève sort avec la permission du chef afin d'uriner. Dehors, il voit son maître qui marche presto. Automatiquement, il retourne en classe et les informe. Illico, la classe devient très calme. Il rentre, dépose son sac sur sa chaise et dit : pourquoi ce vacarme chef ? Celui-ci lui tend deux listes des bavards. Il prend la première et voit des noms d'au moins quinze personnes. Quant à la seconde, il voit un seul nom sur les deux pages de la feuille suivi de qualificatifs comme séditieux, chahuteur, injurieux... Il enlève sa veste, plie les manches de sa chemise et appelle Brou. Pendant, plus de dix minutes il le cravache avec sa chicotte dans tous les sens. Brou pleure et demande pardon mais rien ne l'arrête. Après l'avoir fouaillé, il le met à genoux de 9 h à 12h.

Au son de la sirène Willy court telle un train à grande vitesse pour rejoindre sa mère car il est très apeuré. À la maison, il est troublé, tremblotant et refuse de reprendre les cours. Sa mère réussit à le fait manger puis le persuade en sorte qu'elle le raccompagne à l'école. En chemin, elle le rassure qu'on ne chicotte jamais un surdoué parce qu'il est très intelligent. Il va en classe en se disant que s'il travaille toujours bien rien ne l'arrivera.

Soudain, en plein cour le père de Brou débarque. L'atmosphère est très tendue dans la classe au point où son père ne se maîtrise plus. La discussion entre les deux adultes est très vive. Son collègue enseignant de la classe de Cm1 se précipite pour les raisonner afin de trouver une entente mais personne ne l'écoute. Sur la demande de celui-ci, le chef de classe court appeler le directeur. Entre temps, le père de Brou très en colère fait des admonestations à Monsieur Kouadio (le maître de son fils). Mais celui-ci loin de regretter réplique ; je le chicoterai encore et encore s'il transporte son éducation d'enfants de la rue ici. Une droite, une deuxième puis une troisième sans jamais laisser le temps au maître de les esquiver. Son collègue les sépare encore en demandant pardon au père de l'élève qui en réalité était un bodybuilder dont la veste cachait sa forme.

Le directeur vient d'arriver, il les calme et s'enquiert de la situation. Il va vers l'enfant pour constater les traces et blessures sur son corps. De peur que cette situation s'ébruite, lui et le maître de CM1 présentent leurs excuses au père de Brou. En réalité, le ministère de l'éducation nationale et de l'alphabétisation avait formellement interdit de frapper les élèves. Rapidement, l'enfant est conduit à l'infirmerie. Le directeur ne cache pas son désarroi et fait des mercuriales à Kouadio. Si le ministère venait à l'apprendre ça serait très désagréable pour toi et ta carrière. Mets ta fierté de côté, va vers le père de l'enfant présenté tes sincères excuses. Il l'appelle dehors et fait comme son supérieur lui a demandé ; les deux se serrent les mains. Brou sort de l'infirmerie, il doit se reposer pendant deux jours à la maison. Tout est rentré dans l'ordre.

Monsieur Digbeu rentre avec son fils. L'atmosphère est détendue dans la classe, la paix règne. Le soir Willy explique le dénouement du problème à sa mère. Voyant sa situation et le temps qu'il reste pour accoucher, Jeanne propose à son mari de faire venir sa petite sœur pour l'aider. Il approuve l'idée. Jouant avec ses amis hors de la cour, Willy ramasse un billet de cinq mille francs et crie : j'ai ramassé de l'argent... Ses amis le soulèvent et le lance vers le ciel en guise de félicitation et l'amadoue pour un éventuel partage. Dès qu'ils le déposent au sol, il court rapidement vers sa mère pour lui remettre le billet. Ils se mettent en colère et décident de ne plus jouer avec lui. Il observe le billet de cinq mille francs pendant un long moment en regardant chaque trait du billet. Sa mère le prend et le remet à la commerçante démunie du quartier. Celle-ci très contente, remercie Jeanne pour son amabilité.

Le lendemain, Richard accompagne son fils à l'école. Non loin de l'établissement, ils voient des bulldozers, Caterpillars ...qui sont entrain de casser les maisons du quartier rue 12. Les familles se pressent de sortir leurs affaires mais les machines n'attendent pas. Certains sortent leurs bagages sous les décombres tandis que d'autres courent avec leurs bagages en main ou sur leurs têtes. C'est une triste réalité de voir des familles pleurer car elles ont perdu beaucoup : maisons, entreprises... Aucune famille n'a été indemnisée parce que c'est un espace étatique. Les sinistrés sont livrés à eux-mêmes, personne ne vient les aider. Richard et son fils voient les affaires de ceux qui sont au travail sous les ruines à la merci des chapardeurs.

Soudain, les deux entendent un miaulement. Richard accourt et soulève une porte au sol sur laquelle se trouvaient de gros morceaux de caillou. Mais ils ne voient rien pourtant ils entendent le cri du chaton. Alors il se met à dégager les briques en continuant de suivre le cri jusqu'à ce que Willy aperçoive le petit animal caché dans le creux d'une brique qui était tombé sur un côté. Son père le soulève et le nettoie avec sa main puis son mouchoir. Le chaton retrouve la couleur de son pelage cendre. Willy saute et applaudit en disant on l'a sauvé, on l'a sauvé...Nous allons prendre soins de lui car c'est désormais notre chat. Le soir, au retour tu le retrouveras à la maison. Aussi réfléchit au nom que tu lui donneras. Dipssi répond son fils.

Parmi la population paniquée se trouve les voleurs qui se servent tel un butin sur une table. Ils dévalisent les téléviseurs, bouteilles de gaz, fauteuils, chaussures, matelas... Ils entendent des citoyens dirent dans leur colère : quand ce sont les élections, ils viennent dans notre pauvre quartier pour battre leur campagne et nous pousse à les voter mais dès qu'ils sont élus, c'est le système LPF (la loi du plus fort). Les agents chargés de la destruction stipulent qu'ils avaient été déjà prévenus il y a des années mais ils ont préféré le déguerpissement par la force. Richard dit à son fils : CCA c'est-à- dire c'est ça l'Afrique. Puis il lui dit au revoir au portail de l'établissement.

En classe, avant l'heure des cours, Willy et quatre de ses amis vont jouer sur les branches du plus grand manguier de l'école. Vu qu'il est le plus petit, il reste au sol pour les observer. Un est au sol tandis que les autres grimpent sur le manguier et se cachent dans le feuillage tout en s'arrêtant sur les branches. Une fois que tous sont sur les branches, le départ est donné. Comme des singes, ils sautent de branche en branche. Kevin celui qui est au sol, doit grimper pour toucher l'un d'entre eux qui à son tour fera la même chose. Cela fait plus dix minutes qu'il n'a pas encore touché quelqu'un. Il se précipite vers Abou mais celui-ci tire profit de son poids vu qu'il est maigre. Celui-ci se met presqu'à la pointe de la branche en tenant des branches de part et d'autre. Kevin veut à tout prix le toucher alors qu'il est à trois mètres du sol malgré sa corpulence. S'approchant un peu trop, il perd l'équilibre puis tombe sur une branche puis une autre jusqu'à ce qu'il tombe face contre terre. Pendant plus de dix minutes, il pleure à cause de l'atrocité de la douleur. Ses amis convergent vers lui pour le soutenir. Après s'être reposé pendant au moins une heure, il se sent un peu mieux.

Arrivé en classe, ils font comme si rien ne s'était passé. La copine de Kevin le trouve bizarre. Elle lui demande des explications mais il refuse de parler. Après les cours, Willy, ses quatre amis et Lesly la copine de Kevin l'accompagne à la maison. Sur la route, Willy lui explique tout.

Devant sa mère, les enfants expliquent tout et présentent leurs excuses pour s'être adonnés à ce jeu hasardeux. Elle les remercie pour leur franchise et le soutien moral dont ils ont fait preuve vis-à-vis de son fils tout en les sermonnant sévèrement au passage car selon elle l'un d'eux pouvait mourir ou être hospitalisé pour blessure grave.

Une surprise attend Willy à la maison. Dès qu'il franchi le seuil de la porte, il est accueilli par sa tante. Elle le serre dans ses bras avec un large souris et le félicite car sa sœur lui a expliqué son succès scolaire. Toute la famille est à table avec Dipssi au sol avec son assiette. Willy fend son poisson en deux et donne l'autre moitié à son chaton qui avait déjà reçu sa part.

Richard raconte un peu sa journée avec joie. Il a fait une rencontre inattendue avec le PDG d'une grande entreprise, un magnat des affaires. Il a été désigné par son patron pour la visite guidée. Tout au long de la visite, le visiteur l'a beaucoup apprécié. À la fin il lui donne un rendez-vous dans un hôtel afin de lui proposer une meilleure opportunité. Jeanne lui pose une question : pourras-tu quitté ton patron même si l'offre est très bonne ? Il marque une pause et ne put répondre. Sa belle-sœur, lui dit : les blancs paient très bien, s'il veut que tu travailles pour lui, il te payera certainement le triple du salaire que tu gagnes actuellement. J'irai à ce rendez-vous pour voir si sa proposition de travail m'arrange. Dit-il. Il informe son ami Yves et va à ce rendez-vous.

Arrivé à l'hôtel, il se présente à l'accueil ; il est rapidement conduit à la chambre du PDG. Da Silva le pris de s'asseoir puis les deux commencent les conciliabules. Après quinze minutes d'échange au cours desquelles Richard a parlé de ses aptitudes et expériences, il le félicite en ajoutant qu'il lui donnera un million à la signature du contrat avec un salaire de cinq cent mille francs pour le même poste dans son entreprise. Puis il commence à s'exprimer dans un langage codé.

Je voudrais que tu sois mon homme. Votre homme dit Richard! Soyez un peu explicite. Il rabâche sois mon partenaire; un peu comme ma femme.
Avec sang-froid, Richard se lève, regarde à gauche puis à droite pour voir s'il n'y a personne d'autre derrière lui et sort telle une fusée.

Dans le taxi, il se ressasse ce moment encore et ne s'en revient pas. Il appelle Yves et lui demande d'arrivé chez lui le soir pour qu'il mange ensemble. Comment s'est passé ta rencontre? Lui demande son ami. Le soir on en parlera car ce n'était rien de bon.

Après le travail, ils sont en route pour la maison. Comment s'est passée ton rendez-vous ? Demande son ami. Je te raconterai tout pendant le diner. C'est le crépuscule, tout le monde est là y compris Yves. S'étant assis, il appelle son fils Willy, le fait asseoir auprès de lui et raconte : Monsieur Da Silva m'a appelé pour faire de moi un millionnaire à la seule condition que je sois sa femme. Tous crient ensemble : quoi ! Ce n'est pas possible dit son ami ! Puis il donne les autres détails. Yves en colère stipule : je lui aurais donné la pièce de sa monnaie en lui cassant la gueule. Richard met sa main sur l'épaule de son fils et le fixe en disant : jamais, jamais tu ne marcheras avec ce genre de personne, sois très loin d'eux.

Assis dehors avec Yves, son portable sonne. Il décroche et entend : Da Silva à l'appareil. Dès qu'il le sut, il le dit à Yves qui prend le téléphone immédiatement et se présente.

-Je suis le grand frère de Richard. Croyez-vous en Dieu ?
-oui dit- Da Silva.
-Vous êtes un malade mental et un jésuite. Jamais nous n'accepterons l'homosexualité.
-L'homosexualité n'est pas un crime mais une évolution de la société.
-On devrait t'emprisonner pour crime contre l'humanité.
-Tôt ou tard l'homophobie prendra fin en Afrique espèce d'animal.
-Seul l'enfer sera la récompense des gays et il raccroche...

Une semaine après tandis que Richard est au travail, Jeanne se tord de douleur à la maison. Rapidement elle est conduite à l'hôpital. Son mari est informé. Il est 14 heures, Jeanne donne naissance à une fille. C'est la bonne nouvelle du moment. Tous sont informés.

À l'hôpital, Richard tient son bébé entre ses mains. Après une semaine, Jeanne entre enfin à la maison. Willy s'approche de sa sœurette et joue avec elle. Son père met tout en œuvre pour prendre soin de sa femme et de son nouveau-né. Les voisins et les voisines viennent saluer Jeanne et le bébé avec des présents (savons, pagnes, des vêtements et nourritures d'enfants). Au service, Konan est félicité par ses collègues.

Eveline remplace sa sœur et gère désormais l'activité de vente de fournitures et accessoires scolaires. Sous la bâche, elle et les autres vendeurs sont débordés par les clients en sorte qu'il faille renouveler le stock. Jeanne donne les instructions à sa frangine. En son absence, elle doit responsabiliser un vendeur en tant que son second au cas où elle est absente. Son choix se porte sur Binta. Une venderesse très compétente.

Dans l'après-midi, Eveline, fait des remontrances à Serge, un vendeur, pour avoir oublié de lui remettre l'argent d'une marchandise acheté à temps. Il s'excuse et promet de ne plus le refaire.

Rentrée du travail Eveline, explique tout à sa sœur qui la félicite pour son intransigeance et sa vigilance. La vente se passe très bien, en moins d'un mois déjà, elle a mis de côté sept cent mille comme bénéfice. Au lit, Jeanne explique le succès de la vente. Content son époux la complimente. De son côté Willy dort avec Dipssi. Au milieu de la nuit Richard se réveille et va dans la toilette. Il voit Dipssi coucher sur le torse de son fils. A son retour, il le voit cette fois sur sa tête puis Willy le prend pour le mettre au niveau de son bas ventre. Il se met à rire.

Le lendemain, le petit Konan obtient la permission de sa mère pour aller vendre avec sa tante. Sur le site de vente, il est à côté d'elle. Une seule cliente fait un achat de cinquante mille francs, puis une autre fait dix-neuf mille francs, un troisième client fait vingt-cinq mille francs… en moins d'une heure, Eveline eu cent trente mille francs. Willy est dépassé par la lucrativité de l'activité.

Le soir, elle totalise six cent mille francs. Plusieurs produits manquent, elle paie les deux vendeurs et va s'approvisionner pour le jour suivant. Son neveu saute dans ses bras et dit : aujourd'hui, nous avons fait un bon travail. Elle hoche la tête et l'accompagne à la maison puis continue chez le grossiste Hassan.

Le lendemain sur le terrain, la vente se passe très bien, les marchandises sont achetées comme des petits pains. Déjà à 10 heures, plusieurs marchandises sont finies, elle court pour en acheter et laisse le sac d'argent (une bandoulière noire) entre les mains de Binta. À la fin de la journée, la recette est très bonne. Plusieurs clients lui expliquent qu'ils quittent très loin et proposent des sites dans les autres quartiers et communes pour leur faciliter la tâche.

Assise avec sa sœur, elle raconte le succès de la vente et lui soumet les requêtes des clients. Jeanne apprécie l'idée et la rassure qu'il en aura l'année prochaine. Eveline, reçoit un appel. Elle décroche et Serge lui explique que Binta n'est pas probe. Elle le met sur haut-parleur. Ils entendent : En ton absence, elle enlève toujours un montant dans le sac mais quand je lui demande, elle nie et se plaint. Elle vient aussi avec un sac à dos dans lequel elle met des cahiers-étudiants et travaux pratiques. Mais quand je lui demande si elle a donné l'argent elle répond oui. Voici en ces mots l'objet de mon appel. Dépassée, elle le remercie et élabore une stratégie avec lui. Sa sœur et son mari valident son plan.

Le lendemain chacun est sur ses gardes observant les moindres gestes de Binta. Vers 16h 30 minutes, Eveline, lui rend le sac et sort sans indiquer où elle va. À 17h, Serge fait semblant d'aller uriner puis se cache à une certaine distance et l'observe de loin. Ne voyant personne elle met des cahiers dans son sac à dos et sert des clients. À son retour Serge pose une question : Y a-t-il eu un client ? Elle répond : non ! Eveline arrive et prend le sac dans sa main. Elle compte la recette, les paie mais avant de partir, elle lui pose une question : combien avons-nous fait aujourd'hui ? Trois cent cinquante mille francs. Répond Binta. Eveline en colère objecte : c'est impossible car en partant j'ai laissé quatre cent cinq mille vingt-cinq francs. Binta explique, qu'elle n'est pas une voleuse et répète qu'ils ont fait trois cent cinquante mille francs. Eveline ne s'en revient pas et comprend qu'elle prend d'énormes sommes d'argent à son insu. Serge prend la parole puis stipule que depuis le départ d'Eveline, il y a eu cinq clients qui ont acheté des marchandises dont le coût s'élève à quarante-huit mille cinq cent francs parce qu'il a pris le temps de les interceptés sur la voie afin de connaitre le montant de leur achat. Donc normalement, il devrait avoir quatre cent cinquante-trois mille cinq cent vingt-cinq francs. Binta discute et fend en larmes mais Eveline et Serge ne sont pas distraits. Elle lui réclame cent mille vingt-cinq francs au lieu de cent trois mille cinq cent vingt-cinq francs car leur paie s'élève à trois mille cinq cent francs. Elle discute encore et encore. Serge décide de la fouiller mais sa responsable s'avance pour le faire.

La palpant de la poitrine jusqu'à la cuisse, elle finit par trouver l'argent bien plié dans son soutien-gorge sous ses seins. Dévoilée, elle demande pardon. Nous allons nous rendre au commissariat maintenant à moins que tu nous explique depuis quand tu nous vole. C'est ma première fois dit-elle. Eveline insiste mais elle persiste. Tu peux partir. Lui dit sa patronne. S'en pressant, elle prend son sac. As-tu pris autre chose que nous ne savons pas ? Elle répond : non ! Serge saute sur son sac et sort des cahiers dont le coût s'élève à quinze mille francs. Binta tremblote et n'arrive même pas à articuler un mot. Eveline appelle sa grande sœur et fait le résumé de la situation. Jeanne sur un ton sévère lui demande de se rendre chez ces parents pour leur expliquer la situation.

Accompagné de Serge, Eveline prend Binta à la main et ensemble ils arrivent devant ses parents. Après leur avoir tout expliqué, le père de Binta demande pardon et sur un ton rigoriste ordonne à sa fille de sortir tout ce qu'elle a volé au paravent qu'elle à peut-être mis dans sa maison. Apeurée elle entre et sort avec cent mille francs. Sa mère prend la parole, demande pardon à son tour et fait savoir que sa fille vient avec des cahiers presque chaque soir. Mais quand elle lui demande, sa fille répond que ce sont des commandes des clients que sa patronne lui a données pour livrer et apporter l'argent le lendemain. Est-ce la vérité ? Eveline ne se reconnait pas du tout dans les faits alors sa mère lui dit d'envoyer l'argent des cahiers qu'elle a vendu. Entrant de nouveau dans la maison, elle sort avec soixante-dix mille francs. Son père ulcéré, se lève et la fait entrer de force dans la maison puis la corrige en sorte que dehors tous entendent ses hurlements. Eveline se lève pour plaider auprès de lui afin qu'il arrête. Ils remercient Eveline pour sa compréhension et sa générosité. Puis ils rentrent.

À la maison, Eveline raconte tout ce qui s'est passé. Fier d'elle, son beau et sa sœur la félicite pour son excellent sens de travail.

Monsieur Dagri appelle Richard et lui fait un don de quarante mille francs pour son bébé. Il lui annonce aussi qu'il voyagera pour visiter la grande famille au village mais qu'au moment opportun il le lui dira.

La vente est terminée, elles font le point et mettent de côté le prêt de Richard. L'activité a généré deux millions cent mille francs comme bénéfice. Les deux sœurs sautent de joie, dansent et attendent le chef de la maison pour lui annoncer la bonne nouvelle.

En cours, Willy épate son maître. Aucun exercice ne le retient, il résout tout. Il reçoit un surnom : le petit génie. Les doublant abandonnent la concurrence. Bien que petit de forme, il n'a pas son égal dans toute l'école. Tous les enseignants parlent de ces capacités exceptionnelles : rétention, réactivité, rectitude...De son côté, Bruce voit en lui quelque chose qu'il faut développer afin qu'il soit encore meilleur. De la même manière qu'il se donnait pour ses études c'est ainsi qu'il agissait pour son élève...

À table, chacun parle de sa journée. Richard présente les quarante mille francs de son patron pour Rachelle. Et ta journée Willy ? dit-il. Papa mon maître m'a appelé le petit génie à cause de mes sans-fautes. Jeanne dit : et nous, tu ne nous demande pas comment nous avons passé notre journée ? Souriant, il dit : et vous ? Jeanne dit : « Rachelle a ton souri et je reconnais que votre ressemblance est frappante mais elle a mon nez ». Willy dit : et moi ? Alors tous commencent à rire... Puis elle ajoute, aujourd'hui, nous avons fait le point de la vente, c'est un grand succès. Nous avons eu deux millions cent mille francs comme bénéfice. Richard la regarde pendant cinq secondes incapable de mettre la cuillère dans sa bouche, se lève, la serre dans ses bras. Il fait signe à Eveline qui vient et il les serre aussi. Willy ne manque pas à l'appel et dit on a oublié ma petite sœur...Ils se mettent à rire.

Ils prennent plusieurs décisions parmi lesquels Serge le second vendeur, recevra un permis de conduire avec un montant de cent mille francs.

La beauté de Richard ne l'a pas mis en laisse. Le soir dans le bureau pour un point avec sa patronne (la fille de son boss). Celle-ci s'approche de lui et lui fait des avances. Il refuse en précisant qu'il est marié et père de deux enfants. Elle le supplie de manger le fruit défendu mais il refuse catégoriquement puis sort du bureau. Le soir au lit, il explique tout à Jeanne sans jamais cacher un détail. Elle lui dit : « tu es mon mari, je crois en toi, je te fais confiance, je sais ton amour sincère et ce que tu es prêts à faire pour ta famille ». Le Lendemain au travail, il se contente de la saluer et continue à travailler mais elle ne le répond guère. La frustration de la veille l'a mise en rogne contre lui. Dans l'après-midi, il va au bureau déposer un dossier. Elle va s'approche de prêt et lui pose une question : que peux-tu trouvé de bon avec une telle femme ? Il répond : c'est ma côte, chair de ma chair... Je t'aime lui dit-elle ! Merci, je dois m'en aller maintenant car j'ai du boulot qui m'attend. Lui dit-il. Puis il sort du bureau en claquant la porte. Dagri l'appelle et confirme son voyage.

Le patron est en voyage, la direction de l'entreprise est dans les mains de sa fille. Elle s'arrange pour être toute seule avec Konan et sort des propos adultérins : rien qu'une fois pour ce fruit, tu peux avoir deux arbres puis elle court et condamne la porte. Ensuite, elle enlève sa veste et laisse sa chemise. Voyant qu'elle est mal vêtue, Richard la somme d'être très de loin de lui sinon il risque de faire la prison. Elle se permet de foncer sur lui mais il passe de l'autre côté du bureau. Pendant dix minutes, ils font la ronde. Elle d'un côté et Richard de l'autre côté. Voyant qu'elle veut atteindre son but lugubre, il lance le numéro de son boss et dès qu'il décroche, il le met sur haut-parleur et le salue faisant semblant d'avoir de ses nouvelles. Ayant entendu la voix de son père, elle se range automatiquement et va ouvrir la porte afin de le laisser sortir. C'est juste pour vous saluer et avoir de vos nouvelles. Merci et comment vont les choses là-bas ? Il marque un petit temps de silence puis confirme que tout va bien. Content ils se disent au revoir. Richard dit à sa fille : je ne viendrai plus vers vous désormais à moins que votre père me l'ait ordonné sinon renvoyez moi.

Deux jours sont passés, le PDG demande la route à ses parents mais ils insistent pour qu'il reste un peu car le baobab de la famille ne peut pas s'en aller comme ça, sans un petit festin d'au revoir ! Ensemble ils boivent de l'alcool et mange du foufou (la banane plantain écrasée) avec la sauce claire remplit de viande de brousse. Après la petite fête à son honneur, il ne se porte pas trop bien et décide de rentrer quand même. À 13h, il se met en route pour la ville dans sa nouvelle 4X4 flambant neuve. En chemin, il fait un grave accident de la conduite. Il fait une sortie de route et heurte un grand arbre à vingt-cinq mètres du goudron. Aucun village aux alentours, il n'y a personne pour le secourir. Il perd beaucoup de sang au niveau de sa tête et sa cuisse. Une voiture passe, une seconde passe puis une troisième. Un vieux cultivateur illettré sort de la brousse et le voit en train d'agoniser. Rapidement, il se met sur la voix et lève la main pour arrêter une voiture. Il est ignoré. Il répète son geste mais personne n'ose se garer. Il aligne des bois sur l'autoroute pour forcer les conducteurs à s'arrêter. Un conducteur s'arrête finalement et voit un vieil homme désespéré avec des pleures tendant sa main vers la voiture accidentée. Celui-ci se dépêche de le rejoindre mais c'est trop tard il a déjà rendu l'âme. D'une voiture, il y avait maintenant cinq autres personnelles, un car de transport puis deux camions de transport de marchandise. L'un des chauffeurs de camions descends déterre des touffes d'herbes, les alignes de sorte à indiquer un accident et pousser les autres voitures à rouler sur un côté. Le premier conducteur appelle les pompiers qui arrivent deux heures après. Le corps est transporté par un corbillard dans la morgue la plus proche.

Sa famille est contactée. Pendant des jours ce sont des pleurs sur des pleurs. Richard se déplace avec ses collègues pour dire leurs condoléances à la famille. Les funérailles et l'enterrement sont terminés. Il fut enterré en grand. Mais ce qui avait marqué Richard et ses collègues ce sont les pleureuses professionnelles. Un groupe de femme allant de 30 ans à 40 ans...Elles étaient sensationnelles : Dans les chaises, au sol, arrêtées, elles pleuraient comme si c'étaient leur parent. Leurs gestes, danses montraient que celui qui est mort était un grand, une icône de la société. Tous ceux qui ne savaient qui elles étaient fendaient en larme...mais plusieurs dans l'assistance étaient étonnés de voir une mise en scène pour un fait mortuaire. Ils voyaient cela en un manque de respect pour le défunt surtout que la majorité des présents étaient des hauts cadres. Richard dit en son cœur : cet art de chercher l'argent est astucieux pour certains mais ne participe en rien au développement de l'Afrique ; CCA.

Sa femme tient l'entreprise car en plus du mariage traditionnel (la dot), il avait fait le mariage civil. Elle est désormais la PDG de l'entreprise. Ses beaux-parents viennent la voir pour qu'elle leur trouve au moins des places importantes dans l'entreprise ou donner leurs parts. Ne sachant que dire, elle fait une promesse selon laquelle elle va les aider comme elle pourra. Des jours après, elle fait son possible et trouve cinq places pour eux. Mais ils trouvent ce geste très insuffisant. Ensuite, elle les appelle puis leur donne des enveloppes de trois cent mille chacun alors qu'ils sont dix. Ils prennent l'argent en lui disant que c'est encore insignifiant et se lancent dans une bataille rude avec Hortense. Elle prend donc un avocat afin que tout soit tranché au niveau du tribunal.

Deux mois après, tout est rentré dans l'ordre. Les autorités sont du côté de la loi qui veut que tous les biens de leur frère soit à sa femme et ses enfants. Ils ne disent rien devant le tribunal mais une fois chez eux, ils l'appellent pour la rassurer qu'elle ne les oubliera jamais.

La nuit ce sont des cauchemars et des migraines à n'en point finir. Les médocs n'arrivent pas à la soulager. Sur les conseils de ses amis, elle va voir un féticheur qui lui demande un mouton noir avec des œufs suivi de cent mille francs. Elle fait comme il lui a dit mais très rapidement elle sera surprise par les révélations de ce dernier. En clair, le devin lui explique le complot de sa belle-famille qui veut récupérer tout l'héritage. C'est en l'occurrence l'oncle de son mari qui veut sa mort, celui qui a les balafres sur la joue droite en rectangle. Dépassée par les déclarations, elle demande au féticheur ce qu'elle doit faire ? Tu dois être lavé avec ses herbes que je tiens en main et donner ce que je vais te demander maintenant : deux poulets tous noirs avec des pagnes blancs plus 55.005 francs. Elle achète tout avec lui puis Il la fait laver par une fille vierge en faisant des incantations sur elle. A la fin, il lui donne de l'eau qu'elle doit verser dans toute sa maison avant de se coucher.

De retour à la maison, elle constate que le plus petit de ses enfants est très malade. Se disant que la fièvre va passer, elle lui donne des remontants. Plus tard dans la soirée celui-ci meurt. L'enfant est rapidement enterré en deux jours vu son âge. Il avait cinq ans. Une semaine plus tard, alors qu'elle est couchée dans sa chambre, elle voit du feu qui se déplace comme une personne allant de la gauche vers la droite. Elle crie fortement en sorte que tout le monde se réveille dans la maison. Sa grande fille se lève et va voir ce qui se passe. Sa mère toute tremblante lui raconte tout.

A leur réveil, ses beaux-parents sont là pour réclamer leur part de l'héritage sinon, elle le regrettera amèrement. Votre petit-fils est mort, le savez-vous? On a compris et nos condoléances. Nous sommes tous appelés à mourir tôt ou tard. Que dis-tu de notre part de l'héritage ? Elle reste sur sa position de se limiter qu'à ce qu'elle a déjà fait. En colère, ils se lèvent et rentrent chez eux.

En ville pour des courses, elle échappe à un grave accident. Un gros camion a fait une sortie de route et est passé à 50 cm de sa voiture. De retour à la maison, Hortense panique et ne sait plus où mettre la tête. Elle va à la cour arrière ; là-bas elle voit un oiseau mort très sèche tombé sur sa tête. Elle crie fortement, la servante vient voir ce qui se passe. Trop c'est trop dit-elle ! Rapidement, elle prend ses dispositions et déménage avec ses enfants puis va voir le féticheur de nouveau. Il lui explique que les parents de son mari sont prêts à tout pour la nuire.

Dans l'entreprise de son mari, les choses ne vont plus comme avant. C'est la faillite. Hortense décide de la vendre et disparait avec sa famille pour toujours.

Le nouveau patron de Richard est très exigeant et sévère. Il s'agit de Da Silva. Il rassemble tous ses employés, se présente et donne des consignes strictes qui doivent être suivies à la lettre. Il fixe Konan et lui fait un large sourire. Ses collègues sont étonnés que le nouveau patron se soit déjà attaché à lui. Au travail, l'ambiance a changé pour Richard.

C'est bientôt l'examen d'entrer en sixième, Willy s'est véritablement préparé. Sa tante a été beaucoup disponible pour l'aider dans ses études.

Au service, Richard ne sait que faire car son patron, lui fait la cour. Il lui fait la même proposition de départ. Richard refuse catégoriquement. Yves va vers son ami et voit son patron, avec un profond respect, il fait la place afin que celui-ci passe. Il soliloque : voici celui que j'avais injurié au téléphone. Da Silva continue en changeant de poste à Richard. Ils sont plus proches que jamais. On aurait dit son secrétaire. Celui-ci voyant que son boss lui met trop de pression dire à sa femme : Je vais démissionner pour ne plus voir ce malade mental. Tu as mon soutien lui dit-elle ! À la fin du mois son salaire est viré sur son compte. Il rend sa démission à travers une lettre qu'il lui a envoyée.

Libre de tout, sa femme lui suggère de faire son permis de conduire. Une idée qu'il accepte volontiers. Il se met dans les démarches.

Bruce confirme le succès de son élève à 100% car Willy s'est fort préparé. Il sortait à peine de la maison. Il est toujours en train d'étudier tout seul ou avec son répétiteur. Sa mère lui faisait des repas afin qu'il reprenne des forces pour continuer son étude. Ses amis l'appellent pour jouer mais il renonce. Il se permet de ne pas regarder la télévision. Il dormait et se levait avec ses anales. Souvent quand il est endormi Jeanne réveille son mari avec Eveline et ensemble, ils le voient en train de réciter ses cours. Le lendemain, personne ne lui parle de ce qui s'est passé dans la nuit.

Richard travaille pour le compte d'un particulier. En réalité, il a pu avoir le permis grâce à l'une de ses connaissances qui a tout arranger après qu'il ait donné 150.000 francs. Il lui a fallu quelques jours pour avoir la main.

Dans le taxi compteur qu'il conduit, il tourne dans la métropole et prend une cliente. Il va la déposer dans la commune réputée pour les affaires. Descendant du véhicule cette dernière oublie son sac à main et descend avec ses autres affaires. Plus tard, Richard constate qu'il y a un sac sur la banquète arrière. Il se rend compte qu'il appartient à la cliente qu'il avait déposée dans la commune des affaires. Repartant rapidement dans l'endroit, il ne la voit plus. Il continue son travail jusqu'au soir et rentre à la maison. Il ne manque pas de tout expliquer à Jeanne. Elle lui propose d'ouvrir le sac afin de voir si un élément pourra les aider. Il ne s'y met pas et décide de réfléchir toute la nuit.

Le lendemain, il ouvre le sac puis cherche des éléments pouvant le conduire à un contact de la dame. Il voit une carte de visite et appelle l'un des numéros qui s'y trouve mais le petit téléphone qui est dans le sac sonne. Il décroche et pendant cinq minutes ce sont des échangent. Pressé, il prend sa voiture et va dans le même endroit où il a descendu la dame. Sur place, il la reconnait mais elle non. Il la salue et se présente. Un autre monsieur se présente à lui en tant que le mari de cette dernière...Il lui remet le sac, elle l'ouvre et voit que rien n'a été volé. Le chèque de trente millions cinq cent mille francs, son second téléphone de prix, son petit téléphone, son passeport, sa carte visa, ses bijoux en or avec un montant de deux cents mille francs en espèce sont présents. Dépassée, elle et son mari le remercient et s'échangent les contacts.

Le soir à la maison, Richard raconte sa journée à sa petite famille lors du diner. Pendant qu'ils sont en train de converser, son portable sonne. Il décroche et pendant plus de cinq minutes, sa famille entend : merci, merci beaucoup, merci chef. Son honnêteté a payé. Il vient de décrocher un nouvel emploi. Il s'adresse à Willy : « sois honnête, intègre, généreux toute ta vie mon fils ». C'était Monsieur Dago Fulbert le mari de la dame qui avait égaré son sac dans la voiture, il vient de me prendre comme son conducteur personnel. La famille Konan est dans l'enjouement.

Le jour suivant, Richard est dans le bureau du député Dago qui le fait signer un contrat à durée indéterminé et le rassure qu'il sera déclaré à la caisse nationale de prévoyance sociale avant la fin de la semaine. Le soir, Ils se rendent chez son patron. Il voit une gigantesque maison, un triplex avec cinq voitures de prix. Au second salon, il présente sa famille à son conducteur. Sur cinq enfants qu'il a, deux sont avec lui et sa femme, les autres sont aux Etats-Unis. Désormais Richard le suit partout où il va. Il met l'ancien conducteur à la disposition de sa femme et ses enfants.

Le soir, il rentre en famille tout en étant très joyeux et partage la nouvelle. Jeanne dit : « mon mari est maintenant un chef car il est le conducteur d'un député ». Tous l'applaudissent …

Il le conduit dans ses entreprises, à ses rendez-vous et distractions. Avec moi, c'est motus, bouche cousue lui dit son patron!

Il est 22h, Richard le conduit dans un night-club. Sur les lieux, ils vont au salon VIP. Là, il est très gêné car auprès d'eux, de belles filles sont assises avec l'habillement des verres de terre. Richard demande à une : Es-tu une élève ou étudiante ? Je suis en classe de terminale. La journée je vais aux cours et la nuit, je suis ici. Répond-elle. Tu ferais mieux de te concentrer sur tes études que de venir mettre fin à ton avenir dans un tel endroit. Il se lève et cherche à sortir en demandant l'accord de son patron. Son boss insiste pour qu'il reste mais il se dirige vers les toilettes sous prétextes qu'il va uriner. Après quinze minutes, il lui envoie un texto pour indiquer sa position. Aux environs de deux heures du matin son patron sort et lui dit : « petit, tu galvaudes de bonnes choses comme ça !!!!». Puis il monte dans la voiture et ils se dirigent vers l'hôtel pour y passer la nuit.

Le matin, Dago l'envoie pour faire un versement de six millions à la banque. Richard ébaubi regarde le montant parce qu'il n'a jamais attrapé trois un tel montant en main. Il laisse la voiture et va à pieds vu que la banque n'est pas éloignée. Il met la somme d'argent dans un gros sachet noir et fait comme si ce sont des ordures qu'il transporte. En marchant, il fait l'effort de ne pas trop regarder à gauche et à droite pour éviter un éventuel soupçon qui conduirait à un vol. Non loin de la banque, il fait diversion en tournant brusquement et arrive auprès de l'agent de sécurité qui le contrôle avant de le laisser entrer. Il fait le versement et rentre.

À la maison, il explique à sa femme la générosité de son patron. Seulement il s'efforce à avoir l'allure des jeunes alors qu'il a soixante ans. Aussi, il explique sa mésaventure dans le night-club. Jeanne pose une question : me crois-tu capable de te tromper ? Non ! dit Richard. Puis elle ajoute en lui disant : c'est de cette même manière que je crois également en toi. Les deux se font des accolades pour témoigner de la solidité de leur amour.

C'est l'entrée en sixième, Willy est en composition. Son voisin l'importune mais sans être irrespectueux, il éconduit. Il finit chaque épreuve à la moitié du temps recommandé. Durant l'épreuve de Mathématiques, le surveillant est surpris de ses capacités. Sans utiliser de brouillon, il calcule mentalement comme si son cerveau était une calculatrice...L'examen étant terminé les candidats rentrent chez eux. Toute la famille Konan sait qu'il sera reçu à son examen mais tous souhaitent qu'il soit le meilleur de tous les candidats du pays.

Au travail, Richard accompagne son patron dans un hôtel où il reçoit une fille de joie. Après qu'elle soit partie, Dago boit jusqu'à ce qu'il soit ivre. Il prend soin de lui et voir beaucoup de billets de dix mille au sol. Il les rassemble et les dénombre alors que son patron dort profondément. Il a en main, huit millions. Deux pensées traversent fortement son esprit. Soit il fuit avec l'argent, soit il les garde pour les lui remettre à son réveil. Il choisit la seconde option. Dago est réveillé, ils vont à son bureau. Il ne parle même pas des huit millions. Richard lui explique tout et lui remet son argent. Merci mon fils dit son chef.

Les résultats de l'entrée en sixième sont donnés, Willy a eu 169,5 points sur 170. Des journalistes de la télévision nationale se trouvent dans son établissement pour interviewer les élèves. Avec sa forme et sa taille, il est aussi soumis aux questions.

Journaliste : Bonsoir !
Willy : Bonsoir tonton !
Journaliste : Comment t'appelles-tu ?
Willy : Je m'appelle Konan Willy.
Journaliste : Combien de points as-tu eu ?
Willy : J'ai eu 169,5 points
Journaliste : Félicitations !!!
Willy : Merci !
Journaliste : Quels conseils peux-tu donner à ceux qui passeront le CEPE l'an prochain ?
Willy : Ils doivent beaucoup étudier surtout connaître leurs leçons par cœur car on ne donne jamais ce qu'on n'a pas vu. Surtout jouez moins.
Journaliste : Merci Konan Willy.
Willy : Merci à vous tonton !

Le soir dans le journal télévisé, il fait la une pour son résultat au certificat d'étude primaire élémentaire. Il a été le meilleur candidat de tout le pays et même depuis que l'école fut créée dans son pays. C'est la joie, toute sa famille est très heureuse. Il reçoit des cadeaux de la part de ses parents puis d'Yves. Bruce soulève son champion.

Le lendemain, il va acheter du pain à la boulangerie. En route, tous le regardent passer dans le quartier et le félicitent. Il entend derrière lui : C'est bien petit ! Félicitations petit ! Tu as nos encouragements ! Merci d'avoir montré que dans les quartiers pauvres, il y a aussi les élites de demain. De retour à la maison, il s'en presse de rejoindre ses amis pour une promenade. Ils passent avec ses amis devant un kiosque à journal, le voyant plusieurs l'ovationnent et d'autres lui serrent la main.

Richard est invité à prendre le petit déjeuner avec la famille Dago. Etant tous à table, son patron parle en bien du petit garçon qui a eu de bons résultats à son examen du CEPE. Sa femme n'est pas indifférente ; elle le félicite aussi et lui souhaite un grand avenir. La preuve il s'est bien exprimé et il a compris le secret pour être un meilleur élève au primaire c'est-à-dire connaître ses leçons. Dit-elle. L'un des fils de Dago dit : « je lui tire le chapeau, il est très intelligent ». Richard ne dit rien. Willy est le sujet de la causerie familiale. Jacques le second enfant de Dago explique qu'il a certainement été aidé à l'examen ou que ses parents sont aisés et ont tout mis à sa disposition pour qu'ils réussissent de la sorte. Automatiquement Richard prend la parole : c'est mon fils, mon ainé. Tous ont les yeux rivés sur lui et pendant une minute il eut un grand silence. Son patron lui demande des éclaircissements. Alors il donne les détails et tous sont estomaqués. Ils le congratulent mais désirent plus de preuves. Sur l'ordre donc de son patron, Richard prend sa voiture personnelle et va chercher son fils. De retour avec lui, son patron le salue puis sa femme et ses enfants. Ils le font asseoir et l'observent de prêt de sorte qu'ils voient des traits de ressemblance avec son père. Il est beau comme son père mais c'est un petit garçon maigre. L'un des fils de Dago l'essai avec un quizz sur les quatre empires de la boucle du Niger. Willy répond à toutes ses questions. L'autre prend les tables de multiplication entre 0 et 10, il répond encore à tout. Puis il dit : « si vous voulez m'avoir, prenez une classe que je n'ai pas encore faite ». Alors ils comprennent tous que l'enfant est doué. Pour le féliciter Dago lui remet vingt mille francs. À plusieurs reprises, il se tourne pour observer la maison car elle est très immense avec une décoration des maisons de prix présentées dans les films hollywoodiens. Plusieurs belles voitures, une grande cour, les gazons, les fleurs, les balançoires, les hamacs, le gros chien Eldog ...

De retour à la maison, Willy raconte tout à sa mère. Comme d'habitude sa tante le prend dans ses bras, le serre contre elle et dit : « mon beau et intelligent neveu tout en souriant ». Son directeur contacte son père et lui fait savoir que l'enfant sera récompensé par le gouvernement comme plusieurs autres élèves.

Le lendemain, Ils vont au Ministère de l'Education Nationale et de l'Alphabétisation pour participer à la fête des meilleurs élèves aux examens ...De retour à la maison, ils sont tous fatigués, se douchent et se mettent à dormir. C'est aux environs de 2h qu'il se lève pour revoir ses cadeaux : 250.000 francs, kit de cahiers, livres, stylos et photo avec la ministre, des personnels enseignants, inspecteurs...

Les orientations sortent, Willy est envoyé au Lycée d'Excellence. Le lycée se trouve à plus de 150 kilomètres de leur maison et à 20 kilomètres de la maison du patron de son père. Richard s'entretien avec son boss pour que son fils soit sous sa tutelle en vue d'aller à l'école. Dago très content, est honoré et dit avec franchise : « Richard tu es pour moi non pas un chauffeur mais un fils, un membre de ma famille et ton fils est mon petit-fils ». Toutefois ne met jamais mon secret dehors si tu veux qu'on ne soit jamais en guerre ; ce qui se passe dans le dos de ma femme me concerne et reste dans son dos. Lui a-t-il déclaré.

Chez lui, il explique à sa famille qu'à la rentrée, Willy ira chez son patron pour ses cours au Lycée d'Excellence. Son fils est très heureux mais il pose la question de savoir comment il fera avec sa maman, Rachelle et sa tante s'il veut les voir ? Son père le rassure qu'il pourra venir à la maison comme elles pourront aller le voir là-bas. Dipssi est à ses pieds, il s'abaisse, le soulève et lui dit : je serai toujours avec toi même si je vais loin». Maman promet moi que tu veilleras toujours sur lui ! Bien sur mon fils car lorsqu'on décide d'élever un animal c'est comme si tu décides d'adopter un enfant ; il doit manger normalement et être traité avec soin. La preuve nous avons contacté un vétérinaire pour les soins et suivi de Dipssi...

Dago a de grands projets pour son petit-fils. Il prévoit même de l'envoyer en France chez son frère ou aux Etats-Unis chez son aine après la classe de troisième. Il le dit à sa femme mais n'en informe personne d'autres.

La rentrée est dans moins de deux mois, Richard inscrit son fils aux cours de vacances afin qu'il ait une idée de la classe de sixième.

En classe il se donne à fond pour honorer ses parents et être le meilleur. Il ne se désintéresse d'aucunes matières. Il trime dans chaque matière. Soutenu par son répétiteur Bruce, il fait déjà des exploits à travers ses fortes notes surtout en anglais, mathématiques, sciences-physique... Il lui est difficile d'avoir 17/20, si ce n'est pas 18, c'est 19 mais sa note favorite est 20/20. En anglais son professeur est surpris de voir qu'il maitrisait déjà le B.a.-ba. Il a le niveau d'un élève de la seconde à l'orale. Il cartonne en ayant 20/20 en anglais. Ses amis qui étaient habitués à jouer étaient surpris de voir le plus petit de la classe très responsable et travailleur. Son attitude les marque profondément au point où plusieurs commencent à l'imiter.

Les cours de vacances sont terminés, il est premier avec 19 de moyenne. Jeanne très heureuse le félicite et l'envoie pour la première fois à l'abattoir de la ville. Là-bas, il est dépassé de voir toute sortes de chairs d'animaux : bœuf, mouton, cheval, biche, gazelle, poulet, pintade, porc... Ils s'asseyent dans un restaurant puis commande la viande de biche (Une cuisse entière). Willy est heureux et pendant une heure ils boivent du soda, de l'eau minérale et mange. Eveline prend des photos avec son petit smartphone. Ils entrent à la maison en emportant le reste de la nourriture. Richard revient du travail ; il se dirige vers la cuisine. À la surprise de Jeanne, il lui sort un cadeau emballé. Le dépaquetant, elle voit un portable 4,5 pouce avec une rame de 2 Go et une mémoire interne de 32 gigas octets. Sa joie est immense, elle lui donne un baiser sur la joue.

Le maire de la commune est un ami proche de Dago. Ils se donnent un rendez-vous à la mairie. Sur place, Richard et son patron voient un couple qui se marie à l'abri des regards. Il y a le maire avec des témoins administratifs mais du côté des mariés seulement deux personnes invitées et ce sont leurs témoins. Ce qui les marqua, c'est la tenue vestimentaire des mariés. Le marié a mis un tricot blanc, un pantalon bleu nuit avec des chaussures de toilettes blanches n'étant même pas coiffé. Quant à la mariée, elle a porté une jupe bleue qui l'arrive à la cuisse avec petite chemise blanche. Elle n'a pas fait un entretien de visage et elle avait mis des sandales noires. Sans qu'il ne le sache, un homme et sa femme interrompent le mariage et demandent que le prochain couple passe en premier et eux en deuxième position. Le maire compris rapidement et donne son accord. Le couple est étonné et suit leurs bienfaiteurs qu'ils ne comprennent pas. Arrivés aux toilettes, la jeune dame pris la mariée et entre dans les toilettes féminines. Son mari fut de même du côté des hommes. Après 20 minutes, ils sortent les deux ne se reconnaissent pas. Idriss est dans un costume trois pièces gris foncé et sa femme dans une très belle robe dorée. Le couple altruiste se félicite de leur travail et leur fit don des vêtements. Dès qu'ils entrent dans salle, tous sont étonnés de voir le couple qui avait suscité une risée camouflée et une pitié sans larme. Sans qu'ils s'asseyent le maire les appelle car c'est leur tour. Tous se lèvent y compris le maire pour les ovationner. Sabine fend en larme en avançant avec son oncle mais son mari avance une tante fait tout pour ne pas être submerger par l'émotion. Ils prennent place et tout commence. Monsieur Bandaogo et sa femme sont officiellement mariés. Durant la photo avec le Maire plusieurs viennent s'ajouter et ce fut des moments inoubliables que seules les photos pouvaient immortalisés. Dehors ce sont des prises de photos avec le couple spécial du jour. Ils disent au revoir à tous mais c'est dans un taxi communal qu'ils veulent monter ; Là encore un homme qui a tout suivi vient garer sa voiture et les conduit à leur domicile.

Le maire a fini, son ami le rejoint dans son bureau. Sur place les deux hommes parlent business et de moyens plus efficaces pour la propreté de la commune. Mettre à chaque grand carrefour, dans les endroits publiques, à l'entrée des citées de petits ou grands coffres à ordures afin de rendre les rues propres...Tous citoyens qui jettent des ordures ou versent de l'eau usée dans la rue sans les mettre dans les coffres ou les endroits indiqués sera passible de sanction : il payera une amende de 5000 francs. Richard de son côté attend dans la voiture.

Le lendemain le maire met tout en œuvre pour sensibiliser et fait appliquer dans sa commune ses mesures après les avoir soumis au ministère de la salubrité qui veut qu'à ce niveau chaque maire puisse mettre sa propre politique en place tout en respectant les statuts et règlements misent en vigueur par le ministre de la salubrité.

La famille Konan s'apprête pour le départ de leur fils. Ce sont des câlins et des accolades puis une photo d'ensemble. Willy est prêt et attend son père. Finalement le voici, il sort et monte dans la voiture. Les deux dans la voiture disent au revoir aux autres membres de la famille arrêtée devant la porte alors qu'ils s'en vont.

Chapitre III : Willy au premier cycle

Sur les lieux, il est conduit dans sa chambre par la servante. Il a sa propre douche, un écran plasma de 32 pouces et un lit avec un petit hamac à côté. Une voiture pour enfant, deux balles pour le football... La décoration est sans pareille. Des dessins de superman, Hulk, Tintin ...On aurait dit la chambre du fils d'un très haut cadre des USA. Dit son père. Il filme la chambre afin de la montrer à sa femme.

C'est la rentrée, Willy est au collège, son père va l'inscrit. Sur place, il voit des enfants de son âge et plus grand que lui. De loin, il aperçoit une jeune fille qui le regarde sans jamais détourner son regard ... Trois jours après il prend la liste des fournitures. Sa mère se charge de lui donner les cahiers, livres, stylos, ensembles géométriques avec un nouveau sac et une nouvelle chaussure. Il est paré et pressé de commencer les cours tel un athlète qui a déjà pris son départ dans la course de vitesse.

Il y a déjà deux semaines que sa mère à commencer son activité de vente de fournitures et accessoires scolaires. Cette fois, elle a fait deux sites. Elle gère le nouveau et laisse la gestion de l'ancien site à sa sœur. Tout se passe bien, la vente est encore lucrative surtout l'ancien lieu de vente qui fait des recettes très surprenantes : huit cent mille francs par jour.

Dans le quartier où habitent ses parents, un nouveau phénomène vient de naître : l'arnaque des jeunes communément appelé « broutage » (Système dans lequel des personnes prennent une autre identité sur internet pour soutirer de l'argent aux autres en mentant ou en faisant intervenir souvent des forces obscures pour obnubiler la victime). Dans un premier temps c'était le graffiti sur les bus, maisons, voitures personnelles ...qui suscitait la colère des victimes puis le « borror » c'est-à-dire un phénomène qui consiste à monter sur les bus ou s'accrocher au hublot voire le parebrise pendant qu'il est entrain de rouler à vive allure. Aussi pendant que les voitures roulent sur le boulevard, un élève se met au rez-de-chaussée puis bande ses yeux avec un morceau de tissus noir et traverse sans se préoccuper des voitures qui passent. Cet acte s'appelait : de la mort. L'Etat a donc pris des dispositions pour mettre fin au graffiti et « borror». Désormais tous les élèves savent que s'adonner à ce genre de chose est passible de licenciement et de prison pour mineur.

Mais un peuple venant de loin, apporta le « broutage » (l'arnaque). Malheureusement la jeunesse se lance dans ce nouveau concept et fait des victimes : blancs et noirs. Richard se rend auprès d'un distributeur d'unités de communication vulgairement appelé «cabiniste». Sur place celui-ci, lui explique qu'il a été escamoté par un étranger qui parlait uniquement l'anglais. En fait, ce dernier lui a fait voir qu'il était en quête d'emploi dans le domaine de la ferronnerie. Voulant l'aider, il le fait visiter des entreprises qui pouvaient l'engager. Il était toujours avec lui ; matin, midi et soir. Or c'était pour voir ce que le jeune avait comme bien. Un jour alors qu'il fit la présentation de l'une de ses connaissances à Borda, il alla guetter chez elle et vola portable, portefeuille et ordinateur. Depuis ce larcin, il ne le vit plus. Le « cabiniste » recommande la prudence à Richard car ils sont partout surtout sur internet.

Le soir Yves l'appelle pour lui expliquer une expérience qu'il a vécue. Voulant voir ses messages sur sa boîte mail, il se rend dans un cyber. Sur place il voit des élèves, un jeune garçon et une jeune fille qui utilise un post ordinateur dans le coin de la salle. Le jeune se cache de la webcam et a le clavier sur sa cuisse. La fille est en face de la webcam et fait des mouvements de séduction au blanc et le jeune écrit comme si c'était la fille. En fait, le jeune est l'arnaqueur ou le « brouteur », la fille est l'appât et le blanc la victime. Après 30 minutes, ils se charrient du blanc car ils viennent de l'arnaquer 1000 Euros c'est-à-dire 650.000 francs. Richard ne s'en revient pas. Ce sont des voleurs extraordinaires. Dit-il ! Il y a deux types de voleurs : des voleurs traditionnels et des voleurs modernes. Soyons prudent, fait très attention à ton compte bancaire lui dit Yves.

Dans son quartier le phénomène a détruit la jeunesse. Plus de 95% ont endigué leurs cours au profit de l'arnaque. Ils roulent dans des voitures neuves, ont des portables et chaussures de prix…alors qu'Ils ne font absolument rien. Ils passent la majorité de leur temps dans les cybercafés pour élaborer des stratégies d'arnaques. Richard se réjouit de ce que son fils n'est pas dans leur quartier pour être influencé par ceux-ci.

En voiture avec son boss, celui-ci lui parle d'une belle jeune fille qu'il a rencontrée sur internet. Elle fait partie de ses conquêtes ajoute-t-il. Richard lui fait voir qu'on ne cherche pas de femme sur internet. Dago réplique en lui disant qu'il est gaou. Le soir à la maison, sa patronne l'appelle et lui demande si son mari ne la trompe pas? Richard se fige un coup et lui dit de l'excuser mais le mieux est qu'elle le lui demande elle-même.

Deux jours après, sur Facebook, Dago demande à rencontrer la fille en question dans un hôtel sur conseil de son conducteur. Celle-ci accepte après qu'il ait beaucoup insisté. À son hôtel, il attend mais ne voit personne. Une heure, deux heures, trois heures passent... finalement il appelle, aucune réponse puis le numéro ne passe plus. Il va sur le réseau social, ils ne sont plus amis et son profile n'apparait plus. Il comprit qu'il avait été arnaqué. Dans son amertume, il explique à son chauffeur qu'il converse avec cette dernière depuis trois mois et que souvent, il lui envoie de l'argent. Des montants allant de cinquante mille francs à cent mille francs. Mais il se rend compte que depuis le début, elle l'avait pris pour un pigeon. Richard ne dit rien. Depuis cette expérience Dago est très prudent et prête beaucoup attention aux conseils de son Richard.

Dans le quartier précaire Rue 12, un jeune arnaqueur « brouteur » en classe de terminal vient d'acheter une très belle voiture avec un grand portable de marque. Tous les habitants du quartier parlent de lui. Les jeunes filles lui font la cour mais ses parents refusent de dépenser ou prendre son argent car ils ne connaissent pas la provenance de tous ses biens. Dans le même quartier plusieurs le font et soutiennent leurs parents avec cet argent mais ils demeurent toujours dans leurs mêmes conditions de vie sans évoluer. Ce dernier se met à faire des dons à plusieurs personnes dans le quartier notamment ceux qu'ils appellent « vieux-père » (personnes pour qui ils ont du respect).

En classe, son professeur de mathématiques fait une liste des élèves qui veulent son fascicule. Il se lève et donne deux cent mille francs pour l'achat des documents pour toute la classe. Le professeur en colère prend la somme d'argent et lui jette cela au visage en lui disant : nous n'avons pas besoin de ton argent sale, sacrifié et rempli de malédiction. Il ne dit rien, prend son argent et sort de la classe. Les élèves sont partagés ; plusieurs veulent leur part d'argent et d'autres sont du côté du professeur. Après avoir demandé le silence, ils se taisent et il continue...

Arrivé au quartier il s'approche incognito d'Eveline et lui donne les deux cents mille francs. Elle prend et ne le dit à personne. Cet arnaqueur est en réalité son copain, elle le farde même aux membres de sa famille. Un soir, Jeanne l'envoie au super marché acheter des boites de lait pour Rachelle. En route, Eveline appelle son petit ami qui la rejoint et les deux vont à l'hôtel. Ils consomment le fruit défendu. Deux heures sont passées, tous s'inquiètent à la maison car elle a mis du temps. Plusieurs tentatives d'appels mais son numéro ne passe pas. Soudain, elle est de retour et justifie sa durée par la longue file d'attente au supermarché. Jeanne la croit.

Assis au salon devant la télévision, Richard explique l'arnaque dont a été victime son patron. Puis met sa famille en garde contre les arnaqueurs. Pour lui ce sont des flibustiers, des personnes qui n'ont plus d'avenir. La mort brutale, l'échec sont désormais leurs compagnons qui finiront par avoir raison d'eux tôt ou tard car ils vident les comptes bancaires, dépouillent, ruinent de pauvres pères de familles et les victimes les maudissent chaque jour faisant couler sur eux l'obscurité.

Après plusieurs jours, Eveline s'approche de sa sœur et lui demande la permission en vue de rendre une visite à leur oncle le week-end prochain. Sa grande sœur, en parle à son mari qui donne son accord. De retour du lieu de vente, Jeanne entend des jeunes marmonner : voici la grande sœur d'Eveline, la petite amie du millionnaire. Elle se retourne pour les regarder et ils baissent leurs têtes. Arrivée à la maison, elle l'appelle et lui explique ce qu'elle a entendu mais Eveline lui fait voir qu'il s'agit certainement d'une autre personne. Jeanne est très rassurée.

Le jour étant arrivé, Eveline se met en route. Elle rejoint le millionnaire deux kilomètres plus loin et monte dans sa voiture. À bord, après des baisers elle lui pose une question : Où m'emmènes-tu ? Il répond : on va juste à la plage. Nous passerons toute la journée ensemble aujourd'hui. Sur les lieux, elle est en maillot de bain puis nage avec son petit ami. Après ils vont à l'hôtel, se lavent ensemble mange le fruit défendu puis ils vont au restaurant…Il est 17h, ils sont sur le chemin du retour, le millionnaire prend un autre chemin. Eveline, inquiète veut savoir leur destination mais il la rassure qu'ils vont récupérer un objet avec l'une de ses connaissances. Dans la voiture Eveline se prend des selfies et rire. Mais sa joie sera d'une courte durée car ils entrent dans une forêt. Elle a peur, il la calme. Il n'y a personne, tout est silencieux telles les profondeurs de la forêt Amazonienne et les feuillages des arbres cachent un peu le ciel. Son copain descend de la voiture et regarde sa montre qui indique 18h 15 minutes. Pendant plus de vingt minutes il attend mais personnes ne vient. Du coup, il s'éloigne à plus de cent mètres comme s'il cherche quelqu'un. Pris de panique Eveline descend et se met sous la voiture.

Elle le voit accompagné de deux cyclopes. Ils font au moins deux mètres chacun et sont très musclés en sorte qu'il est très minuscule auprès d'eux. Arrivé au niveau de la voiture, le millionnaire ouvre la portière du côté d'Eveline mais ne la voit pas. Pris de frousse, il dit : « elle était là, assise dans la voiture quand je suis allé vous chercher ». L'un des goliath propose d'aller arpenter car elle n'a pas bien pu aller loin et toi parlant du second reste avec lui car si on ne la trouve pas c'est le millionnaire qu'on doit sacrifier. Les génies ont besoin de sang humain selon Gbokou (le féticheur).

Sous la voiture Eveline fond en pleure attrapant sa bouche mais elle put s'empêcher de chevroter fortement. Il va la chercher mais ne la trouve pas et revient. Son copain se met à pleurer en criant : cherchons encore s'il vous plait, amplifions ensemble les recherches, ne me tuez pas, ayez pitiés, Je vais vous donner de l'argent, je suis l'espoir de ma modeste famille, ayez pitié de moi, je ne suis qu'un élève, ayez pitié, pitié, pitié, pitié… Ils l'égorgent comme un poulet et recueillent son sang dans une petite cuvette. Lorsqu'ils laissent le corps en chute libre, sa tête tombe en face d'Eveline et les deux se regardent sans qu'ils ne puissent dire un mot quand bien même il faisait l'effort de parler. Elle voit ses larmes couler. Ils prennent son corps et entrent dans les profondeurs de la forêt.

Une heure après, commotionnée Eveline sort et court vers l'autoroute puis après 30 minutes voici un taxi qu'elle arrête et monte pour la maison. Jeanne voit un véhicule qui est garé devant sa porte. Eveline descend, paye le conducteur et pleure fortement.

Dans la maison Jeanne demande des explications. Elle pleure sans articuler de mots pendant au moins 20 minutes. Finalement, elle ouvre la bouche avec une langue bégayante et s'efforce de tout expliquer depuis le début. Pendant dix minutes sa sœur n'eut pas de mots à dire. Richard est présent. Entrant dans la chambre après avoir écouté, il dit à sa femme : règle tout ça ! Sa sœur la calme puis lui demande de prendre une douche etc.

À table, Eveline ne peut pas manger car ce qu'elle a vécu la hante encore en sorte que tout le monde le ressent. Elle se lève puis va dans la chambre et pleure fortement. Jeanne va auprès d'elle et l'apaise. Cette situation bouleverse la famille Konan. Eveline, vient de mettre son beau et sa sœur dans un délicat problème.

Des amis du millionnaire étaient informés des jours avant du sacrifice d'Eveline qu'allait faire ce dernier. La voyant, ils comprirent que les choses se sont mal passées pour leur ami. Ils firent semblant d'aller acheter des fournitures. Sur les lieux, ils posent une question toute simple : Qu'est-il arrivé au millionnaire car nous savons que vous étiez ensemble ? Elle s'éloigne un peu avec eux et dit : des messieurs corpulents ont mis fin à sa vie. Alors ils partent et comprennent qu'Eveline pourrait dévoiler leurs secrets sur leur façon d'avoir de l'argent.

Des jours plus tard, des policiers arrivent dans le quartier pour rencontrer les parents du millionnaire. Ils expliquent que le corps sans vie de leur fils a été retrouvé dans les mains de deux personnes et précisent qu'il a été décapité. Rapidement, les dispositions sont prises par la famille afin d'enterrer leur fils mais la nouvelle est très douloureuse en sorte que sa mère et ses sœurs ne peuvent se contenir. Elles pleurent à chaudes larmes en s'égosillant. La nouvelle part très vite, tout le quartier est informé. Sur les réseaux sociaux, ses amis publient son image en lui rendant hommage. La famille du millionnaire est aidé par la police jusqu'au procès des meurtriers. Le verdict tombe, les meurtriers sont coupables et condamnés à la peine à perpétuité. Justice est rendu dit le père du millionnaire.

Un avis que plusieurs ne partagent pas dans leur quartier car pour plusieurs, il a vendu son âme aux génies et pour d'autres les malédictions de ses victimes l'on finalement atteintes.

Le jour de ses funérailles, ses amis font le boucan avec des accoutrements bizarres : pantalon jean déchirés de part et d'autre avec des tee-shirts percés...Ils chantent, pleurent, dansent et remettent plus de deux millions à la famille. Tous étaient vêtirent de tee-shirt avec sa photo et une inscription qui disait : repose en paix le Millionnaire. Eveline n'y est pas car son beau l'a formellement interdit d'y aller.

Le lendemain, il a été enterré. Jeanne promet à Eveline de la ramener auprès de ses parents après la vente vu le comportement qu'elle a eu...

De son côté, Willy a déjà commencé les cours car la rentrée est passée. En classe, dans toutes les matières, il produit un travail prodigieux. Il est polyvalent. En anglais, Mathématiques, Français, Histoire-géographie, Physique-Chimie, Science de la vie et de la terre (SVT), Éducation aux droits de l'homme et à la citoyenneté (EDHC), il est très excellent mais en éducation physique et sportive

(EPS), c'est acceptable. Ses professeurs le félicitent lors des calculs des moyennes pour ses très bonnes notes et moyennes. Le premier trimestre est terminé, il est premier avec dix-neuf de moyenne. Il est surpris de voir à l'entrée du lycée, sur le tableau d'affichage les noms et les photos des meilleurs élèves. Il voit son nom et sa photo trôné au niveau des classes de 6è. Il regarde de plus prêt pour voir s'il n'y a pas un élève d'une autre classe de sixième qui l'avait battu mais il ne voit personne. Il est de loin le meilleur car le second à seize de moyenne.

Le soir à la maison il raconte à sa tutrice ses résultats du premier trimestre. Contente, elle le félicite. Le soir voyant son père, il lui explique qu'il a été encore à la tête. Dago informé place sa paume et Willy tape à l'intérieur. Richard est ébaubi de voir son patron agir de la sorte vu sa personnalité. Chez lui, il annonce la nouvelle à Jeanne. Toutefois, il est convaincu et la rassure que leur enfant est entre de très bonnes mains.

En classe, Willy a une très bonne conduite en sorte qu'il fait l'unanimité chez les professeurs : Élève ponctuel, assidu, poli et scrupuleux. Son rang lui a valu le rôle de chef de classe. Pour mener à bien sa charge, il s'arrange pour arriver le premier à l'école chaque fois qu'il a cours. Il balaie la salle et nettoie le tableau tout seul. Pour le nettoyage du tableau, il se met sur une chaise pour pouvoir atteindre le sommet. Quand ses amis arrivent tout est fait. Pendant une semaine, il fait ses corvées seul. Après avoir donné l'exemple, il fait un programme avec tous ses amis afin de rendre la classe propre. Dorénavant, tous agissent en fonction du programme qu'il a mis en place. Il y a quatre rangés dans sa classe par conséquent un jour est attribué à chacune d'elle. Dans la semaine, ils ont cours du lundi au vendredi excepté le jeudi et le week-end.

Il fait face à des élèves inconscients. Toujours en train de jouer, de bavarder, de se distraire comme s'il n'y avait rien à étudier. En secret ceux qui avaient les smartphones se permettaient de télécharger et regarder des vidéos ou images pornographiques. Le professeur de physique avait donné une interrogation sur la distinction d'un solide et d'un liquide la semaine passée. Etant entré dans la classe, il se met à donner les copies dans l'ordre croissant. Roger 1,5/20, Marc 2/20, Céline 2,5/20, Sonia 2,5/20 et les autres ont eu entre 4 et 5/20 sauf Willy qui a tout trouvé ; sa note 20/20. Il reçoit les félicitations de son professeur et des acclamations de la part de ses amis sur l'ordre de celui-ci.

Au second trimestre, il a été encore premier avec 19,20 de moyenne. Cette fois-ci sa tutrice dans une grande joie, sort faire des courses avec lui. Dans l'hyper-marché de la ville, elle lui achète une tablette, un ordinateur portable avec des vêtements et chaussures. Il s'habille de vêtements de prix et de bonnes qualités mais il ne le savait pas.

Arrivé à l'école avec sa paire de basket, ses amis les observent de prêt et lui font savoir qu'elle est originale car la semelle est en gomme. Il commence à être un modèle pour ses condisciples. Tous modèrent leurs agissements perturbateurs et commencent à travailler bien pour être au même niveau que leur chef de classe. Il était devenu une source de motivation pour ses amis. En plus d'être aisé, il s'est se servir de son intelligence,

Déjà ses professeurs déblatèrent de lui dans les autres classes de 6è. Au terrain d'EPS pour le sport, il ne s'en sort pas du tout car il est malingre. C'est sur le terrain de football qu'ils font le sport. Habituellement c'est dans du sable qu'il courait au primaire mais là c'est du gazon. Durant la course de vitesse, il ne fait pas le poids et perd à deux reprises face à ses amis. C'est la seule discipline qui lui met les bâtons dans les roues. À la fin, tout ne s'est pas bien passé pour lui. Il rentre à la maison dans un fort désappointement. Pour la première fois, il se voit incapable d'être le meilleur. Son flegmatique devant sa tutrice ne la laisse pas indifférente en sorte qu'elle le ragaillardit après qu'il lui est tout démêlé.

Dans l'attente des résultats du troisième trimestre, les conseils de classe sont organisés. Lors de celui de la classe de 6è 4, tous les professeurs sont unanimes que Willy peut faire la classe de 3è sans difficulté. Chaque professeur parle avec assurance le concernant excepté celui d'EPS qui voudrait au moins qu'il fasse un peu d'efforts même s'il a 14 de moyenne dans sa matière. Le proviseur est surpris qu'aucun professeur ne propose la classe de 4è mais 3è, une classe d'examen. Vu la difficulté de la classe de troisième, Il accepte de faire en sorte qu'il fasse celle de quatrième d'abord puis la troisième. Il donne son accord pour la quatrième.

En classe, le professeur principal explique à Willy devant tous ses amis qu'il ira l'année prochaine en 4è. Ses amis sont surpris et à la récréation, ils le félicitent. Il n'est pas surpris car c'est son but de progresser ; avoir une année de plus sur ses amis. La nuit, il dort de 22h à 5h du matin quand c'est l'école et durant les vacances de 21h30 à 7 h.

Ce que ses amis ne savent pas, il ne vient jamais en classe sans avoir étudié ses leçons et sans avoir eu un aperçu du prochain cours. Le professeur principal parle en bien de lui pendant au moins quinze minutes avant de dicter les résultats du troisième trimestre. Il donne à chaque élève les différentes moyennes dans chaque matière puis la moyenne du dernier trimestre et celles de l'année. il est encore premier avec 19,50 de moyenne. Annuellement, il s'en sort avec 19.28 de moyenne.

Arrivé à la maison, il explique tout à sa tutrice. Elle rire et lui dit : vu que tu es un maigrichon, est-ce que tu pourras faire la classe de 4è ? » Il répond : oui ! Quelle sera ta seconde langue ? L'espagnol lui répond Willy. Sa tutrice prend sa tablette et télécharge des applications : dictionnaires sur des plateformes d'applications et des vidéos sur des chaines en ligne afin de lui permettre de la maîtriser et approfondir sa connaissance dans sa première langue vivante qui est l'anglais. Elle veut prendre un répétiteur mais craint que cela n'affecte son travail déjà très positif. Elle s'approche de lui et lui pose une question : As-tu besoin d'un répétiteur ? Il répond : non ! Puis précise que s'il doit en avoir ça sera forcément Bruce son ancien répétiteur du primaire…

Les grandes vacances s'étendent sur trois mois : Juin, juillet et Août. Tous les élèves sont en vacances. Willy dort beaucoup. Quand il se lève, il étudie la langue espagnole. Sa tutrice voyant que l'enfant a passé la plus grande partie de son existence dans la précarité, décide de changer sa mentalité, son comportement et sa perception des choses. Elle va avec lui dans des restaurants de caïds, à la banque et effectue des transactions devant lui. Elle le faire visiter des bureaux de ses connaissances dans la commune des affaires. Il voit les buildings et découvre les ascenseurs. Ces promenades suscitent en lui le désire de mériter d'être dans ses endroits. Ils vont au cinéma, mangent dans un restaurant réputé pour des plats couteux, vont à l'aéroport pour une visite sous la supervision d'un ami de sa tutrice qui est le responsable de la communication. Durant un mois, elle le fit découvrir beaucoup de choses et qu'il avait aussi les moyens pour s'en approprier. Il remémore son passé et une lutte s'engage en lui…

Il décide alors de redoubler d'efforts afin de dépasser les enfants des leaders qu'il a vu. Ce qu'il ne savait pas, c'est que sa tutrice est la fille d'un riche homme d'affaire très réputé qui est mort d'une courte maladie. Elle a hérité de tous les biens de son père parce qu'elle était son unique fille. Sa fortune s'élève à plus de trois milliards de francs avec plusieurs bâtiments en location et des entreprises.

Les cours de vacance sont organisés au troisième mois c'est-à-dire le mois d'Aout. Il s'inscrit et les suit. Une jeune fille de 12 ans se démarque à travers sa réactivité, sa politesse et son travail. En classe, elle et Willy sont déjà en tête avec leurs différentes notes. Willy est inquiet car pour la première fois quelqu'un lui tient tête. Il décide de la briser avec son aptitude extraordinaire à parler et réussir les exercices en anglais et espagnol.

À la fin des cours de vacances, il est premier et elle deuxième. Tous ses amis de classe sont étonnés de voir qu'il les a démystifiés. Il s'en sort avec 17 de moyenne et elle 15. Puis elle lui lance un défi en disant que s'ils se retrouvent dans la même classe, elle va le dépasser.

Le soir, il savoure sa victoire en mangeant beaucoup au point où tous s'étonnent de le voir s'empiffrer de la sorte. La curiosité de Dago le pousse à lui demander ce qui s'est passé pour qu'il mange comme un glouton. Il leur explique tout avec une grande joie. Dago fait ajouter la chaire de mouton frire afin qu'il mange davantage. Tous le suivent et ça se transforme en petit festin familiale. Chez la famille Dago, on célèbre le succès à cause de Willy.

C'est le week-end, il fait asseoir sa tutrice dans son lieu d'étude et essuie le tableau afin que les deux travaillent ensemble. Il prend la craie, lui donne un feuillet de 300 verbes en français traduit en espagnol et anglais. Donne-moi le verbe en français et moi je l'écris dans les deux langues vivantes: anglais et espagnol. Dit Willy ! Elle est très contente de participer à ce travail. Croisant ses pieds et souriante, elle commence par les verbes employés au quotidien. Il trouve tout sans faire d'erreur. Il n'a aucun problème à les écrire et à les prononcer. Elle donne les plus irascibles puis les intervertit c'est-à-dire qu'elle donne le verbe en anglais, il le traduit en français puis en espagnol...Il s'en sort comme un chef. Après l'étude avec sa tutrice, elle lui offre un poulet avec de la boisson énergisante non alcoolisée.

Il va dans sa chambre, se lave, vient au salon et allume la télévision. Il change de chaine et s'arrête sur un documentaire. Là, il voit Albert Einstein. Un grand scientifique surdoué du XXe siècle. Ce documentaire éclaire sa lanterne sur le thème surdoué...pour lui il n'en est pas.

Le quartier où il réside n'a rien avoir avec celui de ses parents biologiques. Ce sont des hauts cadres et des grands hommes d'affaires qui y habitent. Des jeunes de rien du tout ont leurs propres voitures car ce sont des fils à papa. À 16h, plusieurs sortent promener leurs chiens.

Son père après avoir informé son patron de la visite de son fils à sa mère, rentre avec lui chez eux afin qu'il passe deux jours avec sa famille. Une fois à la maison, sa mère le serre fort dans ses bras pendant des minutes, sa sœur saute dans ses bras. Quant à sa tante, elle tape son épaule puis le soulève et le serre fortement en disant mon beau petit neveu adoré. Il sort sa tablette, son ordinateur et les présente. Ensuite il montre des images de sa chambre, de toute la grande maison et une photo de lui avec sa tutrice en train d'étudier. Nous prenons le petit déjeuner, le déjeuner, le goûter et enfin le diner. Sa mère est très contente de voir que son fils est entre de bonnes mains. Il va saluer son ancien répétiteur puis ses amis. Sans être monta sega et bavard, il leur fait savoir qu'il est entre de bonnes mains...

De retour chez son tuteur, il reprend ses études. César l'un des fils de Dago sort avec lui pour faire les cent pas. Arrivé en face d'une grande villa, une belle jeune fille sort et embrasse César. Willy étonné dit : Qui est-ce ? Ma petite amie lui répond César. Willy se souvient automatiquement de ce que son père lui avait dit : « Ne boit jamais l'alcool, ne couche pas avec une fille tant que tu ne l'as pas marié et ais d'abord une bonne situation sociale avant le mariage ». Assis sur un banc au jardin du quartier, César et la fille causent. Vu qu'ils ne disent rien de bon. Il s'éloigne un peu pour lire un roman avec lequel il est sorti.

A plus de cent mètre, Il voit des jeunes garçons de son âge qui sont en train de jouer. Il s'approche, se présente et joue avec eux. Le principe du jeu est simple. Ils font un grand cercle formé par dix enfants dans lequel ils se trouvent tous et l'un d'entre eux a les yeux bandés et doit réussir à attraper l'un de ceux qui se trouvent dans le cercle. Les autres ne doivent pas sortir du cercle. Willy est nouveau, un se porte volontaire et lui demande de bien observer. Dans le cercle celui qui a les yeux bandés, cherche à les attraper. Il court rapidement dans tous les sens. Après dix minutes de jeu Willy est attrapé. Les yeux bandés, il fait tout mais n'attrape personne. Pendant qu'il tourne cherchant à saisir quelqu'un, il entend les pas d'une personne qui se dirige vers lui, bondit et l'enserre de ses mains. Il se rend compte que ses deux mains n'arrivent pas à se croiser, il force, insiste, c'est impossible. Alors il comprend que c'est une femme obèse qu'il a attrapée. Lorsqu'il enlève la bande, il la voit. Sur place, il présente ses excuses avec la tête baissée. Ses amis font de même. Elle les regarde et fait un petit sourire. Ils continuent mais il n'arrive toujours pas à attraper quelqu'un.

Pour finir, il se met à crier comme quelqu'un qui a marché sur quelque chose. Dans la précipitation, trois de ses amis courent vers lui. Deux s'abaissent prennent sa jambe droite. Willy ne les laisse pas articuler un mot ou une phrase et dit : « je vous ai attrapé ». Ils marquent une pause et disent : Tu nous as bien eu. Tous rirent et le félicitent pour son stratagème très astucieux. César l'appelle et ils rentrent tous deux à la maison.

Le petit Konan a pris du poids et son teint est devenu très net. Il a changé, c'est un beau gosse. Quand son père vit ce changement radical chez son fils, il est très ému…

Des mois sont passés, les cours sont avancés. Il est dans la classe d'excellence : 4è6. Dans cette classe se trouve les cinq premiers de chaque classe. Il voit cela comme un défi à relever. Tous ses nouveaux amis, ont fait la 5è sauf lui. Les élections de chef de classe sont organisées. Chaque rangée s'est choisie un candidat ; ce qui donne deux filles deux garçons. Pour finir le chef est une fille et le sous-chef un garçon. Les professeurs surprennent les élèves avec des interrogations dans chaque matière. Après un cours, une interrogation mais bien avant que ses amis le comprennent Willy avait déjà ramassé les 20/20. Il s'est distingué au point où tous se demandent la classe de 5è qu'il a faite. Après des recherches, il comprit tous qu'il n'avait fait aucune classe de 5è et qu'il vient directement de la sixième.

Dans les matières scientifiques et littéraires ils se donnent à cent pour cent en sorte qu'il n'a pas de préférence. Il passe au tableau pour la correction des exercices de Mathématiques, Sciences de la vie et de la terre…

Le professeur d'anglais demande aux élèves de prendre leurs livres à la page 25 pour faire la lecture du texte qui parle des enfants de la rue. Plusieurs lèvent leurs mains mais c'est la catastrophe parce qu'ils lisaient avec tare en sorte qu'on sentait les accents ethniques de certains. Déçu le professeur décide de les punir en leur donnant plus de dix exercices pour la semaine qui vient de commencer. Willy lève sa main pour la lecture. Il est interrogé. À la fin de sa lecture le professeur applaudit puis ses amies suivent car il lit avec un accent américain. Plus 2, lui dit le professeur. A leur sortie de la classe, ils voient sur le tableau d'affichage que les devoirs de niveau sont programmés pour la semaine sur prochaine.

À la maison, il établit un nouveau programme. Après les cours, il étudie de 19h à 23h et à 4h30 il se lève pour faire de petites révisions. A 5h40, il va prendre sa douche, se brosse les dents et se prépare. Il est 6h 30 lorsqu'il se met en route pour les cours. C'est un élève très ponctuel et assidu.

Au cours de mathématiques son professeur qui est une femme met une équation au tableau. Il lève sa main et la résout sans complexité. Elle le félicite en disant : non seulement tu es beau mais tu es aussi très intelligent ; c'est sûr les filles vont t'emmerder mais concentres toi sur tes études...

Ce sont les devoirs de niveau, il est en classe avec deux stylos bleus, un crayon, sa calculatrice et son ensemble géométrique. Ce sont les seules choses qui sont dans son sac. Son professeur de Mathématique est la surveillante de l'épreuve de français. À 16h, il rentre car ils ont fini pour la journée. Tout au long, des devoirs, il travaille simplement et donne sa copie avec les derniers qui sortent. Dans les coulisses, ses amis ne comprennent pas qu'il finisse en dernière position ; il a certainement des difficultés. Se disent certains. Cintia donne sa copie comme lui et dehors elle lui demande s'il a des incompréhensions avec les devoirs. Non ! Je finis chaque devoir en 45 minutes ou moins mais je reste pour ne pas me plastronner et je revérifie mon travail. Tu ne cesseras jamais de nous surprendre. Dit-elle.

Une semaine vient de passer, ils s'attendent tous à leurs copies. En classe, chaque professeur qui radine dispenser les cours sympathise avec Willy au point où ses amis s'interrogent sur les nouvelles attitudes des enseignants à son égard. Une nouvelle s'ébruite dans l'école : un élève aurait descendu les épreuves. La nouvelle parcoure toutes les sept classes de 4è. Plusieurs s'autoproclament les meilleurs mais Willy fait comme s'il n'y a rien et que les épreuves étaient ardues.

Le professeur d'EDHC partage en premier les copies. Il commence dans l'ordre décroissant. Konan Willy 20/20, Kobena Serge 14/20...Tous sont dépassés mais plusieurs espèrent se rattraper dans les autres matières surtout Physique-chimie et Mathématiques. Dans l'après-midi le professeur d'espagnol distribue à son tour les copies. Le première personne citée à 16/20, le second 15,5/20, le troisième 15/20… Willy n'entend pas son nom. Les trois premiers se félicitent de l'avoir battu. Il est à la 35è personne, là les notes sont très anémiques, 07/20, 06/20. Soudain l'enseignant marque une pause et appelle Konan Willy, la 37è personne! Il répond présent. Lui-même se déplace vers son élève afin de lui remettre sa copie. Tu as 20/20 lui dit-il. Plusieurs le regardent avec admiration et d'autres ont l'air abattus. Qui est cet enfant ?

Ils ont finalement reçu toutes leurs copies. Au vu de ses exploits ses amies font profils bas puis cherchent à suivre son exemple. Dans sa classe, tous savent de quoi il est capable y compris tous ses professeurs.

De retour à la maison, il raconte tout à sa tutrice. Sur les huit copies qu'il a reçues, il a eu six fois 20/20, une fois 19/20 et 18/20. En réalité, c'est en mathématiques, sciences-physique, science de la vie te de la terre, histoire-géographie, éducations aux droits de l'homme et à la citoyenneté, anglais qu'il a mis la barre haute en ayant 20/20. En espagnol, il a eu 19/20 et en français 18/20. Face aux prouesses de son fils, elle lui fait un don de cinquante mille francs pour le galvaniser. Il est dépassé, 50.000 francs pour lui, il rit et saute dans les bras de sa tutrice et la remercie. Que vas-tu en faire ? Dit-elle ! Garde- les pour moi car je ne sais quoi en faire ; je ne manque de rien à la maison.

Le lendemain, le proviseur se rend dans leur classe afin de les encourager car pour leur administration ce sont eux qui font et feront la fierté de l'établissement. Par conséquent, ils doivent travailler durement surtout qu'ils ont un modèle au milieu d'eux : Konan Willy. Puis il pose une question à toute la classe. Qui connait le nom du meilleur écolier du pays l'année surpassé en primaire ? Personne ne répond. Puis il continue. Qui connait au moins le nombre de points qu'il a eu ? Encore aucune réponse. C'est votre ami, il est avec vous tous les jours de cours. Vous échangez ensemble, vous étudiez ensemble, vous travaillez ensemble. Un élève lève sa main pour donner un nom. Avec sa permission il dit : Konan Willy. C'est exact répond le proviseur. Il a eu 169,5 points au CEPE. Il devrait normalement être en troisième mais nous avons voulu qu'il fasse la classe de 4è. Déjà vous-même vous constatez son travail remarquable. Profiter de sa présence, bousculer le pour bénéficier de programme d'étude, emmerder le, emmenez-le à vous donner son secret, marcher avec lui, soyez disciplinés comme lui… Il y a un dicton qui dit : les oiseaux de même plumage volent ensemble. C'est juste une salutation de ma part et des conseils.

Après le départ du proviseur tous se ruent vers lui afin de comprendre sa façon de travailler. Pendant quinze minutes, il explique à ses camarades qu'il ne vient jamais en classe sans connaitre ses leçons. Il a toujours de l'avance sur le programme. Par exemple actuellement, il est au dixième chapitre alors qu'en classe, ils sont au septième chapitre. Comment fais-tu lui demandent-ils ? J'ai pris le programme dans chaque matière avec les professeurs pour l'année et je fais mes recherches. Plusieurs notaient ses précieux conseils dans leurs cahiers et d'autres l'enregistraient avec leurs smartphones. Marc s'approche de lui afin qu'ils cheminent un peu ensemble pour entrer à la maison. Ce jour-là une grande amitié est née. Willy a beaucoup apprécié sa compagnie surtout avec ses paroles de sagesse et motivation.

Les élèves de la 4è6 suivent l'exemple du petit génie car c'est le surnom qu'il lui avait donné. Les professeurs constatent une maturité chez les élèves, un dévouement sans pareil. Dans les autres classes où ils interviennent notamment celles de troisième et du second cycle. Ils leur signifient qu'il y a au sein de l'établissement, une classe modèle grâce à un élève exemplaire. Pour finir, la classe d'excellence des 4è, entendent des élèves parler d'eux au préau surtout de leur leader car les professeurs n'avaient que cette classe d'excellence dans leurs bouches.

Au terrain d'EPS, les autres classes présentent, les observe dans leurs faits et gestes pour voir s'ils méritent les honneurs des professeurs. Ils sont très disciplinés et lutte pour réussir tout ce que le professeur leur montre. Un élève attire leur attention par sa maladresse. Certains se mettent à rire car il a des difficultés à réussir la rondade. Il réessaie mais c'est la même chose. Soudain le professeur dit : « Konan Willy fait des efforts ce n'est pas du tout compliqué ». Plusieurs avaient donné dos, certains étaient concentrés sur leurs mouvements et d'autres les observaient. Mais dès qu'ils ont entendu le nom du petit génie, tous se tournaient pour voir qui s'était. Ceux qui se moquaient arrêtaient automatiquement. Ils l'observaient pendant un bon moment. Mais il fait comme s'il ne voyait rien. Marc vient l'aider jusqu'à ce qu'il réussisse. À la fin une jeune fille s'approche d'eux et leur remet deux bouteilles d'eau minérale. Ils les prennent et la remercie. C'est plus tard qu'ils se rappellent qu'ils n'avaient pas demandé son nom.

Huit mois sont passés, ils sont à l'approche des calculs des moyennes du troisième trimestre et de la moyenne annuelle. Lors du dernier devoir commun, la 4è 6 donne un bon exemple avec les meilleures notes de toutes les classes de quatrième depuis l'existence de l'établissement en sorte qu'elle a été félicitée à plusieurs reprises par le proviseur et les professeurs. Le professeur principal arrive avec les résultats. Le petit génie a eu 18 de moyenne au premier trimestre, 18,50 au deuxième et 18,50 au troisième soit un total de 18,4 de moyenne annuelle. Leur classe s'en sort avec 16,75 de moyenne. Ils se félicitent tous pour leur travail remarquable et décident de faire plus l'année prochaine.

Le bal de fin d'année est organisé mais le petit génie ni va pas car il ne le trouve pas obligatoire mais nécessaire. Son meilleur ami Marc suit son exemple et ensemble, ils vont au bord de l'océan atlantique bénéficier du vent maritime. Sur place, ils observent les pêcheurs. Puis ils longent la côte océanique sur un kilomètre en ramassant des coquillages. Marc ramasse une bouteille vide, met du sable de mer puis ajoute les coquillages. C'est très mirobolant disent-ils. Chacun regagne son domicile.

La famille Dago fête le succès scolaire de leur fils Willy. Un mouton a été tué pour l'occasion. La table à manger est recouverte de toutes sortes de cannettes de sucrerie, d'eau minérale, de boisson alcoolisée...du foutou avec la sauce arachide, de l'igname bouillie, des frites au poulet, des plats à couper le souffle, de la glace (parfum américain et vanille).

Vu qu'il doit passer son examen l'année prochaine, il décide de faire un programme d'étude pour lui permettre d'être en avance sur tous les candidats au niveau national. Ses parents l'encouragent et mettent tout à sa disposition. Il s'achète des anales dans lesquels sont traités les sujets des examens des années antérieures. Il fait une sélection de chaines pour les informations, de génies en herbe, des enquêtes...Sans compter qu'il fait aussi le sport et suit un régime pour prendre du poids. Il aime surtout se mettre dans le jardin pour les récitations des leçons apprises.

C'est la rentrée, tout est fin prêt, il va en classe et se met à travailler comme tout élève normal. Il sort faire un tour dans les toilettes et là il voit deux élèves, une fille et un garçon en train de consommer le fruit défendu. Dépassé, il sort précipitamment après avoir répondu à son besoin. En classe, il ne s'en revint pas et en parle à son ami qui ne s'en revint pas aussi. Poussé par sa curiosité, il demande la permission et se rend là-bas pensant trouvé des élèves qu'ils connaissaient afin de les dénoncer mais ce sont des inconnus. Après avoir crié fortement sur eux en disant : Que faites-vous dans nos toilettes ? Ils se rhabillent rapidement en lui demandant pardon et court pour aller en classe. Marc retourne auprès de son ami avec des pincements au cœur. Willy dit : ils sont en train de détruire leur avenir. Je ne te le fait pas dire : Qui sème le vent récolte la tempête.

Dehors, après les cours sur le chemin de la maison, ils en parlent et essaient de voir comment ils vont mettre fin à ce genre de problème. Non loin de l'école, ils voient une élève qui rentrent dans les toilettes publiques et ressort avec des vêtements de maison. Qui a-t-il ? Ne pouvait-elle pas faire cela à la maison ? Se demande Marc. Devant eux, à plus de cent mètres, ils la voient dans les bras d'un professeur puis ils entrent dans l'hôtel qui est non loin de l'école. Marc court et entre dans l'hôtel et se présente à l'accueil comme étant le frère de cette dernière. Le monsieur à l'accueil lui dit que ce professeur avec qui elle est entrée n'est vraiment pas bien car il change les filles comme on change d'habits. Actuellement, il a pris une chambre pour ce que tu sais...dit lui de s'éloigner de telle personne. Merci ! Lui dit Marc. Il rejoint son ami et les deux sont écœurés parce qu'ils viennent de voir. La barbe n'amène pas toujours la sagesse. Dit Marc.

En classe, les autres élèves font voir à Willy qu'il est en 3è et qu'il ne s'attende pas à occuper le neuvième rang. Il ne se laisse pas influencer par les doublants et doublantes. Ils se font voir et répondent chaque fois aux questions. Une façon pour eux de s'affirmer et montrer que personne ne sera devant eux. Ils sont 9 et font déjà le classement en fonction de leur nombre. Willy ne dit rien et continue d'agir dans la simplicité. Lors des interrogations la majorité de la classe y compris les doublants trichent mais lui et Marc ne le font pas.

Quand les notes sont données, il y a une égalité. Les doublants et Willy ont les mêmes notes. À l'EPS les jeunes garçons (doublants) s'imposent devant lui car ils ne veulent pas se laisser faire même s'ils ont entendu que de bonne chose de lui. Ils ne peuvent pas croire ou accepter qu'un élève de sixième parachuté en quatrième puis en troisième soit le capitaine de leur classe.

Ce qu'ils ne savent pas, c'est que plus ils se donnent à fond, il continue de trimer en faisant parfois des nuits blanches à l'insu de ses tuteurs. À l'approche des devoirs de niveau, il continue d'étudier efficacement. Quand il descend des cours, il prend son bain, mange des bananes douces puis après trente minutes, il passe aux études. Sur la terrasse, il finit à 23 h mais dans sa chambre c'est à 1h du matin qu'il achève ses études. Il se réveille à 4h et fait une révision. Une fois en classe, il ne craint pas les interrogations. Voulant installer un climat de paix avec ses amis, il fait semblant et va auprès d'eux pour bénéficier de leurs documents mais aucun n'accepte de lui donner.

Les doublants se dirent entre eux ; s'il peut travailler de la sorte sans les cours et documents, imaginons ce qu'il fera s'ils les avaient ! Willy ne dit rien et cache son jeu. Pendant le cours de géographie qui porte sur les secteurs d'activités économiques du pays. Le professeur pose une question : Qui peut dire ce qu'il sait des secteurs d'activités économiques de notre pays ? Sans attendre, les doublants lèvent leurs mains pour répondre. Ils répondent chacun en sorte qu'ils se complètent les uns et les autres dans les réponses. Le professeur satisfait leur donne plus 2 car ils ont donné de bonnes réponses. Willy lève sa main pour répondre aussi. Le professeur, le connaissant est heureux de voir le petit de la sixième lever sa main. Ils se regardent entre eux. Willy fait tout le cours en s'exprimant correctement avec des thèmes appropriés. Sans que le professeur ne le dise, déjà des élèves acclament. Finalement toute la classe s'y met y compris le professeur car il vient de faire le cours en apportant de nouvelles informations. Il a eu plus 5.

Le cours suivant est celui d'espagnol. Le professeur décide de faire une petite révision sur tout ce qu'il a déjà fait. Pour cela, il demande des volontaires au tableau. Quatre des leaders de la classe se précipitent. Les autres élèves les voyants ont peur mais Willy y va. Le tableau est scindé en cinq. Le professeur cite dix verbes en français qu'il faut traduit en espagnol puis les conjuguer au présent de l'indicatif, au futur et à l'imparfait en espagnol. Ce sont : sentir, aimer, perdre et arrêter. Trois phrases en espagnol qu'il faut écrire correctement puis les traduire en français. Le chronomètre est mis en marche, ils ont trente minutes. En quinze minutes, il a tout fini. Les autres sont encore au tableau jusqu'à ce que l'heure arrive.

Après correction avec toute la classe les notes vont de 20 à 10. Willy a eu vingt 20/20. La plus forte note chez ses adversaires est 15/20...Il les a battus. Marc dit : Ce sont les faits qui font un homme et non ce qu'il raconte. Il a encore prouvé que c'est lui. La classe l'ovationne pour son travail.

Dans l'après-midi c'est le cours d'éducation physique et sportive. Là, ils ne purent digérer ce qu'il les avait faits lors du cours d'espagnol. Pendant la course, ils sont tellement forts et rapides qu'ils peuvent mettre une distance de dix mètres entre eux et lui. Willy rentre anéanti car pour lui c'est une grande défaite. Marc lui dit : « Bien perdu, peu de perdu ; courage perdu, tout est perdu ». Je suis convaincu que cette volonté de fer qui t'anime fera qu'un jour tu sois devant mais son ami reste inconsolable.

Le soir lors du diner sa tutrice le trouve beaucoup atterré. Elle se dit certainement qu'il est fatigué mais elle s'aperçoit vite qu'il est effarouché. Comment s'est passée ta journée ? Couci-couça dit Willy. Ensuite, il raconte tout. Elle le motive en lui disant que Franklin Delano Roosevelt a dit : « les gagnants trouvent des moyens, les perdants des excuses ». Puis elle propose de l'inscrit dans une salle de gymnastique où il ira deux fois dans la semaine. Il se réjoui et la remercie. C'est un sourire recouvré qu'on sent sur son visage.

C'est la période des devoirs de niveau, Willy est plus que concentré. Sans tricher, il fait de son mieux. Lors du devoir de mathématiques, ils voient, des élèves qui n'écrivent rien, d'autres qui trichent mais concentré sur sa feuille, il achève les exercices...

Après les devoirs, chaque professeur fait la correction dans sa matière en classe avec ses élèves. Dès qu'ils finissent les corrections, ils remettent les feuilles à leurs élèves. Willy reste calme comme quelqu'un qui n'a pas du tout travaillé. Lors de la remise des feuilles, ils utilisent des manières différentes. Plusieurs donnent dans l'ordre croissant et d'autres dans l'ordre décroissant. Pendant que plusieurs avaient 10 ou 15 voire 17, la plus faible note de Willy était 18 sur 20 et c'est en français. Quant à ses autres notes, il a 20 sur 20, 19,5 sur 20, 20 sur 20... au point où ce jour-là ses amis le surnomme Twenty c'est-à-dire 20 sur 20. Toutes les interrogations qui étaient sur 20, il avait 20 sur 20 celles qui étaient sur 10, il avait 10 sur 10. Ce jour a marqué tous les élèves de sa classe et instauré le respect total.

À la fin du trimestre les professeurs d'histoire-géographie, mathématiques et sciences physiques ont du mal à calculer sa moyenne dans leur matière. En Sciences physiques, il a eu 20 sur 20 dans tous les devoirs et il a eu plus 10 comme point de participation. Son professeur va voir le proviseur, pour voir s'il est possible de donner 20 de moyenne ou plus à un élève. Négatif. Dit-il! Vous pouvez lui donner au moins 18 ou 19 puis il demande le nom de l'élève qui a fait cet exploit. Konan Willy, lui répond ce professeur. C'est ainsi qu'il a eu 19 de moyenne mais son professeur promet de lui donner ses autres points au trimestre suivant. Quant au professeur d'histoire-géographie ce fut la même chose seulement qu'il a eu plus 15 avec lui. Il fait comme le professeur de science physique. Le proviseur lui donne la même réponse et demande le nom de l'élève. Konan Willy lui répond ce dernier. Quand ce fut le cas du professeur de Mathématiques. Il donne la même réponse et dit : je suis sûr qu'il s'agit de Konan Willy. Le professeur étonné, répond par l'affirmatif. En classe ce sont les acclamations...Marc dit : « Le passé est notre leçon, Le présent est notre cadeau. L'avenir est notre motivation»...

Les élèves vont en congés car ce sont bientôt les fêtes. Arrivé à la maison, il explique tout à sa tutrice. Elle voit que Willy peut être un très haut cadre dans son pays mais elle voit plus loin. Pour elle il ira soit en France soit au Etats-Unis pour poursuivre ses études et travailler là-bas. Il profite de ce temps libre et va presque chaque jour à la salle de gymnastique. Il trouve les 14 de moyenne en EPS très peu surtout pour son surnom Twenty. Sa morphologie a changé depuis qu'il est ce monsieur Dago. Il fait déjà 1,5 mètre et pèse 54 Kilogramme.

Monsieur Dago, sort avec Willy pour visiter l'une de ses fermes et ils passent toute la journée ensemble. Il lui explique que dans son enfance ce n'était pas facile pour lui surtout qu'il a grandi au village. Ce sont les études qui l'on emmené en ville. Tout ce qu'il a c'est surtout grâce à l'agriculture. Richard voit Dago parlé à son fils comme si c'est son propre enfant. Par la suite, il lui donne 50.000 francs comme argent de poche.

De retour à la maison, il explique tout à sa tutrice. À l'approche des fêtes surtout celle de noël, il constate que la maison est décorée. Un grand arbre, des objets colorés et lumineux. Sa tutrice lui demande ce qu'il veut comme cadeau. Merci ma tutrice, je ne manque de rien. Dit-il. Au moins un petit cadeau pour te distraire ! Votre philanthropie n'a pas de limite envers moi. Merci encore maman.

Elle ne dit rien et va acheter un cadeau qu'elle emballe et garde. Aux environs de 2 heures, elle entre dans sa chambre et dépose son cadeau à côté de lui avec un mot. Se réveillant, il voit l'obole emballé. Il prend le feuillet, le lis puis le dépaquète. Le don est en réalité une somme de cinquante mille francs avec une montre permettant de recevoir des appels, messages, contrôler sa tension et son pou.

Le lendemain, il la remercie. Le jour de noël, il étudie car pour lui, c'est le meilleur moment pour prendre de l'avance sur ses amis. À chaque fête il est dans sa chambre et étudie...C'est le soir qu'il descend pour manger.

La nouvelle année approche, Willy réfléchir à ce qu'il fera ou les manques à combler.

Monsieur Dago sort avec son chauffeur, pour gérer ses affaires. Mais une fois sur le chemin du bureau, Richard change de route brusquement sur l'ordre de son patron. Ils arrivent dans un endroit caché et reculé qui donne du frisson et la peur. Le lieu est situé entre la mer et une rivière. Il y a de grosses voitures, des hauts cadres avec des jeunes filles : mineurs comme adultes.

Il voit des cadres et hauts cadres ; tel député, tel commissaire, tel PDG.... Richard est perdu face à tout ce qui l'entoure. Dago se déplace en lui demandant de l'attendre dans cet endroit et qu'il peut sortir de la voiture s'il veut. Après dix minutes, il sort de la voiture observe l'endroit de plus prêt et compris que c'est un endroit de prostitution à grande échelle où fornicateur, adultérin et adultérine se retrouvent. Mais ce qui le mit en rogne, c'est la présence de jeunes belles filles étudiantes et élèves qui se retrouvaient là avec leurs copains qui en réalité étaient des gigolos qui mettaient ses filles en relations avec adultes. Une affaire très lucrative pour eux. Arrivé auprès de la maison en paille, une jeune fille court et se met derrière lui cherchant sa protection car dit-elle, ils veulent me vendre. Il comprit alors qu'il a mal jugé l'endroit car en plus d'être un lieu de prostitution était un lieu de trafique de jeunes filles. Les poursuivants de cette dernière arrivent et la cherchent. Mais il fait comme s'il n'y a rien alors qu'il a caché la jeune fille dans une petite broussaille. Dès qu'ils partent, il voit un lieu d'habitation à plus de 200 mètres et lui conseille d'y aller le plus vite possible. Rapidement, elle se met à courir de toutes ses forces. Etant au moins à 100 mètres des habitations, les poursuivants l'aperçoivent. Ce sont des hommes vigoureux et bâtis qui courent à vive allure derrière elle. De son côté Richard fait des gestes de soutien à la jeune fille. Il y a au moins 50 mètres entre la jeune fille et ses poursuivants. Mais l'un d'eux est très rapide tel un voleur qui échappe à ses poursuivants. Quand il est sur le point de l'attraper, elle plonge sur la porte d'une cour en criant fortement: au secours, au secours... au point que les habitants de la cour sortent de leur maison et viennent la secourir. Elle est blessée à la cuisse avec un visage apeuré mais elle a pu atteindre son but. Ses ravisseurs voyant cela se retournent. Richard pleure de joie car elle vient d'échapper à la mort. Dago s'approche de lui et voit des larmes. Qui a-t-il ? Rien boss...

À la maison, Willy passe son temps sur son ordinateur et se met en avance sur ses amis à travers les cours qu'ils téléchargent sur internet. Madame Dago se rend dans un salon de coiffure. Là-bas, elle parle de son fils Willy avec fierté à sa camarade qui l'a accompagné. Celle-ci se rappelle du petit garçon présenté à la télé pour son travail remarquable. Puis elle lui explique comment il est arrivé chez eux. C'est une bénédiction pour vous : un père très honnête et un fils travailleur. Lui dit sa camarade.

Une nouvelle ébranle le quartier car un monsieur ouvert, jovial et généreux est déclaré voleur dans les articles de journal. Tout le monde en parle, personne n'aurait pu imaginer cela. Dans le rapport, il opère les nuits. Ses proies préférées sont les nantis. Ce dernier avait fait de Willy son ami quand il était encore avec son père. Souvent en passant, il le taquinait. En réalité, ce grand voleur, accompagnée de sa bande avait intercepté la servante du propriétaire d'une grande villa qui était en réalité le président-directeur général d'une grande entreprise de communication du pays. Avec l'aide de la servante, ils neutralisent les deux gardiens avec les deux chiens. S'approchant de la porte principale, la servante touche un vase qui tombe et se brise. Le bruit fait sursauter le PDG alors qu'il est au salon. Se levant pour voir, il aperçoit sa servante accompagnée de plusieurs gangsters. Il court entre dans sa chambre et contact rapidement la gendarmerie car il connaissait un chef de Brigade.

La gendarmerie n'est pas loin de son quartier. Quinze minutes après la gendarmerie est déjà sur les lieux et fait en sorte que personne ne le remarque. Quand ceux-ci finissent de dépouiller la maison, ils sortent de la maison mais ils sont interceptés au niveau de la sortie. Les gendarmes braquent les armes sur eux en sorte qu'aucun gangster ne puisse prendre la fuite et les somment de se coucher au sol avec les mains dans le dos. Les autres le font mais leur chef cherche à fuir, il est abattu de sang-froid. C'est ainsi que Boutouan Hervé dit Virus ce chef bandit a été tué. Dago tient entre ses mains le journal qui peint l'arrestation de ce malfaiteur qui était en cavale depuis fort longtemps. Richard informe son patron qu'il le connait très bien mais ne savait pas du tout qu'il avait une double face.

...Aux funérailles de ce dernier, il est surpris de voir des commissaires, des cadres, qu'il avait rencontré grâce à son patron lors des différentes sorties. Ils sont tous là avec des vétérans du banditisme en liberté pour saluer la mémoire de Virus. Il est ressorti en réalité qu'il partageait son butin avec des hauts cadres de l'armée afin d'être protégé. Tout se faisait dans le secret absolu. Il a été utilisé pour équilibrer les concurrences entre les entreprises et pour attraper d'autres chefs de gangs. Richard dit : ceux qui sont censés nous protéger encouragent nos agresseurs, CCA (C'est ça l'Afrique). Willy informé ne dit absolument rien sur celui qu'il appelait tonton.

Les cours reprennent, il a très bonne mine. Il travaille sans hésitation au second trimestre en sorte que tous les professeurs qui l'enseignent parlent de lui dans les autres classes et écoles. Les filles qui tombent sur sa beauté, font tout pour le séduire mais il ne prête pas du tout attention. À son âge, il n'a jamais connu de filles, ni la masturbation, ni le vol ou fréquenter des groupes de jeunes voyous. Ses amis le plaignent car il est indifférent à ce qu'ils font. Au terrain d'EPS, il démontre à ses amis qu'il n'est pas le même et risque d'occuper la première place. Ceux-ci ne se laissent pas faire.

C'est le second trimestre et il est le chef de classe. Le sous-chef c'est Nadia, sa voisine. Connaissant son voisin celle-ci se garde de tricher ou de bavarder en sa présence car il est vraiment exemplaire. Loin d'être un goujat, il est taciturne et circonspect. Il ne triche jamais peu importe l'épreuve et veille à ce que les prescriptions des professeurs soient respectés. Ses amis l'aimaient et le respectaient beaucoup. Pendant qu'il fait ses révisions en classe avec Marc et certains, d'autres sont soit sur internet en train de regarder des vidéos pornographiques soit en train de jouer au baccalauréat (jeu qui consiste à donner le nom d'un garçon, d'une fille, d'un pays, d'une ville, d'un fruit et d'un animal avec une lettre de l'alphabet choisi en un temps donné). Mais dès que le professeur de français fait son entrée, tous se rangent. Sans tarder, il ordonne aux élèves de prendre les feuilles pour une interrogation. Là, Nadia plaide auprès de son voisin pour qu'il la montre car n'ayant pas du tout étudié, elle risque d'avoir zéro. Il refuse parce que le professeur a ordonné de ne point montrer à son voisin ou à sa voisine. Alors qu'il est en train d'écrire elle soulève sa tête, penche son cou et regarde sa feuille. Il ne la laisse pas faire, prend un grand cahier et le met comme une barrière et l'empêche de plagier ses réponses. Son professeur voyant cela se met à rire. Après vingt minutes, il ramasse les copies puis les corrige et les redonne après avoir répertorié les notes. Willy a vingt sur vingt, sa voisine huit sur vingt et les autres entrent trois et 15 sur vingt. Nadia en colère le regarde pendant deux minutes et ne dit rien.

Il demande la permission pour aller dans les toilettes. Là-bas, il voit des élèves de la classe de 4ème bloqués sur un exercice alors qu'ils sont en train d'étudier. Il s'arrête, observe l'exercice et les aide à l'achever. Ils le remercient puis il va uriner et retourne en classe. Il éprouve un sentiment intense qu'il n'a jamais éprouvé c'est-à-dire celui d'aider les autres dans les normes.

Il est 12h30 minutes, ils sortent de la classe pour aller manger car ils reprennent dans l'après-midi. Une fois au restaurant avec son ami, les deux commandent des plats de « tchep » avec du poulet qui s'élèvent à 2000 francs. Par inattention, la vendeuse cherchant à faire la monnaie pour libérer un client, fait tomber un sachet dans lequel elle a attaché des billets de 10 000 francs et 5000 francs. Un client met son pied sur le sachet, ne bouge pas et fait comme s'il n'en est rien. Willy a tout suivi. Quand la dame lui dit d'aller s'asseoir, il ne put bouger. Alors Willy aussi fait comme s'il n'en est rien tout en s'approchant du monsieur et le somme de soulever son pied sinon il le dénoncerait. Ce dernier soulève son pied et court. Il ramasse le sachet d'argent et le donne à la dame. Celle-ci sous le choc fouille dans son petit sac et voit que le sachet n'y est pas. Elle le remercie et explique à ses serveuses ce que vient de faire cet élève. Tous le remercient.

De retour en classe, voyant que le professeur n'arrive pas, il met un exercice au tableau pour permettre à ses amis de se préparer au cas où il y a une interrogation. C'était mal connaître les turbulents qui non seulement refusent de faire l'exercice mais sont très bruyants. Lorsqu'il les rappelle à l'ordre, il se moque en lui disant de rester tranquille. Cependant, certains suivent le chef de classe et travaillent jusqu'à ce que l'heure du professeur passe. Finalement, le professeur n'est pas venu mais plusieurs ont apprécié cette expérience.

Le soir, le président du quartier convoque les pères de familles en vue d'une réunion très importante. Dans les coulisses, une rumeur circule, le quartier sera cassé dans deux mois dit le président de l'union des jeunes de la commune. Ainsi, chaque personne doit prendre ses dispositions. Nous croyons que nous serons chacun indemnisés et relocalisés. Seulement deux heures après l'annonce à la réunion, l'information est donnée à la radio, dans le journal télévisé ...la nouvelle est officielle. Les habitants de Belleville ont reçu un mois pour quitter les lieux. De vifs débats éclatent entre les autochtones et leurs locataires ou étrangers vénus s'installer. Il parait que vous avez été indemnisés sous la présidence de l'ex président et avez déjà reçu un temps de départ il y a maintenant sept ans. Disent les locataires ! Sans répondre, le chef ethnique du quartier ne donne aucune réponse. Ne voulant laisser leurs terres, ils se lèvent, protestent mais le pouvoir en place décide d'ignorer les plaintes et doléances de ceux-ci car elles ont eu suffisamment de temps pour se préparer suivi des indemnités que plusieurs disent n'avoir pas du tout reçu.

Une fois au travail Richard informe son patron et son fils Willy que son quartier sera cassé. Après deux semaines, il trouve une maison et installe sa famille. Le temps de la cassure étant arrivé, des cargos de gendarmes patrouillent dans le quartier...

Il est l'heure d'aller au cours, il refuse que son père le conduise à l'école avec la voiture mais décide de monter dans un taxi. Arrivé au portail, il voit ses amis qui s'approchent de lui afin de lui présenter des excuses pour toutes les fois qu'ils ont été durs et rustres envers lui. Il accepte et vont ensemble en classe. Ce jour-là, tous les professeurs sont surpris de voir que les élèves ont agi avec respect vis-à-vis d'eux. C'est comme s'il y a 40 Willy dans la classe. À la fin de chaque cours certains professeurs font des plus à la classe ou les félicite et les encourage à agir toujours ainsi. Voyant les réactions des professeurs, tous les élèves décident de faire désormais comme leur chef car leur bonne attitude collective a beaucoup payé. Le soir en sortant de la classe, tous ses amis l'applaudissent. Etonné Twenty se tourne pour les regarder chacun et les remercie en se courbant. Marc dit : « le grain à finit par devenir un arbre ». Puis un autre élève lui dit : si tu n'étais pas dans notre classe, on serait des élèves plein de défaut avec un avenir mitigé mais tu nous as donné une meilleure assurance avec cette nouvelle mentalité que tu nous inculque »…

À compter de ce jour aucun élève de la 3ème 6 joue avec ses études. Tous se donnent à fond en sorte qu'ils approchent Willy pour comprendre des exercices complexes. Les professeurs craignent de donner des devoirs de maison car tous travaillent très bien et ont de bonnes notes. Dans sa classe, chaque élève va chercher les devoirs les plus difficiles et ensemble il les traite. Vu que tous les professeurs, éducateurs et proviseur…parlent de leur classe, les élèves de la 3è8 ont un exercice qu'ils n'arrivent pas à faire. Ils le donnent à Willy et lui dit c'est un défi de notre part, traitez-le nous allons voir. Accompagné de deux amis, Willy va dans leur classe et résout l'exercice sans difficulté. Etonné, ceux-ci le félicitent avec ses amis puis ils laissent correction de l'exercice au tableau pour que leur professeur puisse lui-même corriger. Il arrive, vérifie l'exercice et les félicite mais vu que c'est bien rédigé il pose la question : Qui l'a fait? Le chef de classe prend la parole et dit : c'est le chef de la 3ème 6. Le professeur dit RAS c'est-à-dire rien à signaler. La nouvelle s'ébrute en sorte que toutes les classes de troisième cherchent à faire bonne figure devant les professeurs et l'administration.

Alors une réunion est organisée entre les chefs de classe de 3ème. Le point clé : une classe de 3ème doit être la meilleure de l'année. Mais elle sera reconnue selon les critères suivants : 98% des élèves de la classe doivent avoir au moins douze de moyenne dans les différents trimètres, 98% des élèves de la classe doivent être admis au BEPC blanc, les cinq premiers de chaque classe doivent avoir au moins 14 de moyenne et le dernier de la classe 11,5 de moyennes. Enfin les classes de troisième vont concourir à travers des devoirs que chaque classe donnera à une autre en vue de la battre. Si elle n'arrive pas à le résoudre, l'autre donnera la correction pour l'emporter. Tous s'accordent et se saluent.

En classe, Willy explique tout à ses amis. Ensemble, ils font un programme de travail. Personne ne doit venir en classe sans connaitre son cours et signaler à chaque fois ce qu'il ne comprend pas. Pour un échange quotidien et être efficace, Ils créent un groupe secret sur un réseau social très réputé. Willy, le deuxième et le troisième de leur classe sont les administrateurs du groupe. L'administration de l'école est fière de cette détermination qui anime et pousse les élèves des classes de troisième à trimer même si l'examen est cahin-caha crument à travers des compétitions. Une guéguerre intellectuelle est déclarée entre les classes de troisième.

Le lendemain pendant les heures creuses ce sont des défis entre classe de troisième surtout au niveau des matières scientifiques. Les amis de Willy sont confiants car ils ont Twenty. La 3ème 1 envoie un exercice à la 3ème6 ... rapidement lui et ses amis se mettent ensemble, trouvent l'exercice puis Marc leur apporte la correction. Là-bas il leur dit : « l'arbre est à la portée de tous, mangez aussi ses fruits mais n'oublier pas qu'il a poussé dans notre jardin ». Un élève répond on a compris monsieur le sage. Après vérification, la 3ème 6 l'emportent. Les samedis sont les grands jours de défi mais une seule classe fait des merveilles loin devant les autres. La 3ème 6 se hisse au sommet et toutes les autres classes ont peur de l'affronter. Willy donne à ces classes des exercices qu'il trouve difficile mais qu'il arrive finalement à résoudre. Ceux-ci les trouvent très difficiles.

L'examen blanc est proche. Lui et ses amis font des révisions. Les défis ont cessé car chaque classe veut être la meilleure de l'examen. Les samedis, les salles sont occupées comme s'il y avait cours alors que ce sont les classes de troisième qui sont en train de travailler.

Deux semaines après, ils sont en plein examen blanc. Chaque classe se donne à fond. Après les épreuves du premier jour, Willy rassemble ses amis comme un capitaine d'une équipe de football pour les détendre avec des boissons énergisantes puis donne des conseils : Il faut lire chaque sujet au moins trois fois, commencer par ceux qu'on comprend et vérifier à trois reprises quand vous avez fini pour éviter des erreurs d'informations personnelles, fautes d'orthographe, erreurs dans les formules ou démonstrations. Marc prend la parole et dit : « la détermination de la tortue se trouve dans sa démarche qui bien que lente, la fait arriver à destination.»

Dans leur groupe sur le réseau social, il donne des réponses des exercices afin que chacun soit un peu situé et les motive. Fidèle le troisième de la classe participe en donnant des réponses correctes aussi.

Le jour des dernières épreuves, les professeurs constatent une détermination chez chaque élève à bien faire en sorte que c'est à peine si quelqu'un cherche à tricher ou à finir le premier. L'examen est terminé chaque élève est fier de son travail. Les surveillants furent surpris de voir que sur 100% des candidats seulement 20 % sont sortis avant la fin des épreuves mais les 80% sortaient lors du ramassage des copies. Pas que certains n'avaient pas fini mais ils passaient leur temps à lire et relire leur travail.

Après le weekend les cours reprennent, les élèves des classes de troisième sont occupés à corriger les épreuves avec les professeurs. Deux semaines après les résultats sont données selon la coutume. Il est 10 h, les membres du jury prennent place sur l'estrade et appellent en disant : candidats approchés. Après un bref discours du président du jury dans lequel il félicite plusieurs candidats et encouragent d'autres, il proclame les résultats. Sur 350 candidats ,300 sont admis... Mention très bien : Konan Willy avec 345 sur 360 points. Le président n'a pas dit le second nom que ses amis crient : Twenty, Twenty, Twenty, Twenty en acclamant. Puis ils entendent mention bien 295 points c'est fidèle... À la fin, le proviseur s'adresse aux élèves et les félicitent pour ce qu'ils ont fait mais les encourage à mieux faire encore. Ce jour-là il y a eu une mention très-bien, une bien, cent cinquante mentions assez-biens et le reste des mentions passables.

Dans la classe de 3è6 ce sont des félicitations de la part de l'administration et des professeurs car il y a eu la mention très bien, bien, vingt-cinq mentions assez-biens et 9 mentions passables. Mais les élèves ne sont pas satisfaits à cause de l'échec de quatre d'entre eux alors qu'ils sont quarante. Willy fait un programme de mise à niveau pour ceux qui ont échoués. C'est le capitaine de l'équipe alors il veille à ce que ses quatre amis aient leur examen la prochaine fois.

À la maison, il informe ses parents, qui sont très fiers de lui surtout monsieur Dago qui le soulève puis le serre dans ses bras. Son père n'est pas trop en joie car il craint une chose, la perte des valeurs qu'il a enseignées à son fils à cause de l'attitude de son boss vis à vis de son fils. Il touche sa tête, sourit et se limite là. A partir de 5h du matin, il repasse sa tenue de l'école, se douche, se brosse et s'habille...La servante lui souhaite une bonne journée et ferme le petit portail. Il arrête un véhicule et se met en route pour l'école.

Lorsqu'il n'est pas encore arrivé, ses amis l'attendent au portail puis rentrent avec lui. Ils sont fiers de marcher avec leur chef de classe. Mais il était un peu gêné car son père l'a toujours appris à être modeste dans tout ce qu'il fait et fera. Tous le regardent passer et parle de lui. Arrivé en classe, il voit le chef de classe de la 3è2 qui met un exercice au tableau et lance le défi en disant trouvé le nous allons voir ! Les amis de Willy se précipitent pour le traiter mais ils sont tous bloqués à la première question. Leur leader s'y met et le traite. À 10 h pendant la pause, il va avec 10 élèves de sa classe en 3è2 et Fidèle met la correction au tableau. Quand ceux-ci vérifient dans leurs fascicules, ils voient que c'est la bonne réponse. Willy leur explique que ce n'est pas un exercice de troisième mais de la seconde C. Vu qu'il a pris de l'avance sur le programme c'est pourquoi il n'a pas eu de difficulté à le traiter. Le chef de la 3è2 voit que sa tricherie a été dévoilée. Twenty et ses amis repartent en classe. Marc sans attendre s'adresse à eux en disant : la tricherie n'a jamais payé mais s'il arrive qu'elle paie c'est que le trou dans lequel tu es, est très profond.

Le samedi, il invite cinq amis à la maison avec l'accord de sa tutrice. Marc est présent. Aux environs de 16 h, toute la famille est réunie. Monsieur Dago, sa femme, ses enfants, le père de Willy et la servante sont présents. L'émission télévisée fictive peut commencer. Le thème : la seconde guerre mondiale (causes, conséquences et solutions). Ils transforment le salon en un plateau de débat. Dago est l'animateur, Willy est un professeur d'Histoire et Michel l'un des fils de Dago est un économiste. Après les présentations des différents invités, la première question est posée au professeur d'histoire c'est-à-dire Willy. Il répond avec une parfaite maîtrise du sujet. Quant à l'économiste, il répond en montrant les aspects positifs et négatifs de la guerre sur l'économie mondiale. C'est très instructif pour ses amis qui ne s'en reviennent pas en voyant cela. Vingt minutes sont passées, l'antenne est ouverte, La femme de Monsieur Dago appelle et pose une question sur les circonstances de la mort d'Hitler, Willy répond avec maestria tout en montrant qu'il y a de nombreuses légendes qui ont entouré la mort de ce dernier. En soulignant au passage qu'il a eu une mort mystérieuse. Toutefois, il précise que selon les livres d'histoires ; son impuissance à la prise de la capitale par les forces soviétiques, l'avancée des autres forces alliées et la trahison de certains de ses proches, il se suicide avec Eva Braun, le 30 avril 1945 à Berlin dans le bunker des jardins de la chancellerie impériale. Ses amis derrière applaudissent leur chef tout en faisant moins de bruits. Ensuite, la servante pose une question : quelles sont les nations victorieuses de la seconde guerre mondiale ? Le professeur d'histoire répond… L'animateur pose une question à l'économiste : Vu que l'Europe est ruinée durant la seconde guerre mondiale avec des infrastructures détruites et une économie en faillite, comment s'est-elle relevée? Il parle un peu de la bipolarisation puis pointe du doigt le plan Marshall : une aide financière américaine octroyée aux pays sinistrés lors de la seconde guerre mondiale afin de relancer l'économie européenne et bien d'autres pays...l'émission a duré plus de 30 minutes...Il programme une autre émission pour la semaine prochaine dont le thème est : L'indépendance des peuples noirs... Ses amis les ovationnent à la fin et rentrent à la maison avec une très bonne expérience. Marc soliloque : pas étonnant que Willy travaille si bien car sa famille s'y met.

Le lendemain, en classe, les témoins de l'émission racontent ce qu'ils avaient vu chez Twenty. Tous sont ébahis et proposent d'être invités la prochaine fois. A son arrivé, il leur fait une proposition. Je vois des cars privés transporter le personnel des entreprises et ils sont payés chaque fin de mois. Je voudrais qu'on loue un car pour nous transporter à l'école et nous ramener à la maison. Nous avons cours du lundi au samedi en ajoutant nos cours de renforcement et c'est la double vacation. Quand il nous dépose le matin, il va vaquer à ses occupations et il vient nous chercher le soir. Ils sont tous d'accord car la majorité vient en taxi privé ou conduit par leurs parents. Quand ils évaluent ce qu'ils dépensent dans le transport mensuel, ils ne s'en reviennent pas. Plus d'un million sort de leur poche alors qu'ils ne sont pas aussi loin de l'école. Ils décident de payer quatre cent mille pour leur transport mensuel et chacun doit apporter dix mille francs. Ils se félicitent pour cette gestion et décident d'ouvrir une caisse commune pour la bonne gestion de leurs transports avec deux trésoriers...Les cours sont finis chacun sort de la salle.

En dévalant l'escalier après les cours, Willy tombe et s'évanoui à la dernière marche. Ses amis qui sont avec lui ; le soulève et se mettent en route pour le dispensaire de l'école. En se précipitant et demandant aux élèves de céder le passage, plusieurs sont surpris de voir Twenty dans les bras de ses amis les yeux fermés. Une élève dit : les sorciers veulent tuer cet enfant qui est si brillant, laissez-le, laissez-le...Un autre ajoute : les noirs ont un cœur noir comme le mot noir ; au lieu d'aider, il tue, brise, détruise...leur propre frère ou enfant. Marc veut s'exprimer aussi mais le robinet de ses yeux sont sur le point de s'ouvrir et court pour soutenir son meilleur ami.

Dans le dispensaire, il reçoit les premiers soins. Toute sa classe, le proviseur et des professeurs sont devant le dispensaire attendant d'avoir de ses nouvelles.

Sa tutrice est contactée. Elle appelle son mari et l'en informe. Dago sort en claquant la porte de son bureau. Sans dire un mot à sa secrétaire, il court et une fois dans sa voiture il dit : Roule vite, vite, plus vite que ça. Arrivé carrefour le feu est rouge, il s'arrête et pose une question à son patron car l'expression de son visage l'inquiète : Qui a-t-il patron ? Willy a perdu connaissance! Lui dit-Il. Il regarde à gauche, à droite, voit des voitures éloignées qui arrivent et s'engage alors que le feu est rouge. Ils se retrouvent tous dans son établissement. Sur place le père de Willy est reconnu car son fils le ressemble beaucoup. Après quinze minutes, Il sort et tous le regardent, le docteur de l'école les rassure qu'il va bien seulement qu'il a besoin de beaucoup de repos et prescrit des remontants. Dago le serre et lui dit : ne nous refait plus jamais ça mon petit-fils adoré. Puis il le met dans la voiture de sa femme. Celle-ci promet au proviseur qu'elle prendra ses dispositions pour ne plus qu'il se prive de repos. Les voitures se mettent en route, il soulève sa main et dit au revoir à ses amis. Certains ayant des larmes aux yeux et les autres lèvent les mains y compris le proviseur.

En réalité, sur sept jours, il fait deux nuits blanches et étudie de sorte à finit à 00h et se réveille à 4h du matin. Il travaille tel un lion qui traque sa proie.

Durant son absence à l'école, les autres classes profitent et envoient des exercices pour assommer la 3ème 6 vu que le numéro 1 n'est pas présent. Fidèle prend les rênes et fait tout pour qu'il soit à la hauteur avec ses amis. Ensemble, ils commencent bien mais terminent mal. Vu qu'ils ne s'en sortent pas Nadia propose de contacter Twenty afin de l'en informer. Dix autres personnes voient comme elle mais le reste ne partage pas son avis car selon eux le chef a besoin de repos. Pour eux, ils peuvent échouer aujourd'hui et réussir demain. Coincé et confus, Marc eu l'idée de ne pas le déranger mais propose de mettre l'exercice dans le groupe sur le réseau social car pour lui un lion au repos ne peut résister à une proie délicieuse à portée de patte. Ils approuvent tous l'idée et Fidèle prend une photo et la met dans le groupe. Tous sont surpris de le voir allumé au vert. À peine il a mis que Willy a fait un message vocal disant : Bonjour chers tous, je vais bien. Avez-vous pu faire l'exercice ? Fidèle répond : on est heureux de te savoir bien portant en faisant cet audio. En réalité, on n'a pas pu bien commencer l'exercice car nous sommes bloqués à la deuxième question. Je suis présentement avec toute la classe. D'accord je vais le faire illico, donnez-moi trente minutes. Répond Willy. Ils sont tous heureux. Abou saute de joie et met ses deux bras vers le ciel comme un victorieux boxeur pour dire qu'ils ont gagné. Vingt minutes sont passées, la correction est publiée et tous ceux qui étaient connectés l'on vue. Ils sont fiers de leur chef de classe. Chacun met des émoticônes pour montrer qu'ils aiment, adorent, applaudissent...

À 12h30 toute la classe de 3ème 6 sort pour se rendre en 3ème 2. La feuille est donnée au dernier de leur classe sous la recommandation de leur chef. Il va au tableau et copie la correction. En bas il signe Twenty puis ils retournent tous.

La classe adverse vérifie la correction et tout est juste. Il refuse cette humiliation et demande un match de football or s'il y a quelque chose qu'ils peuvent faire sans Willy c'est bien ça. Ils acceptent le défi et s'accordent sur 16h. Marc dit : la prise de conscience de l'inconscient ne le fait pas laisser son talent.

Ils sont tous sur le terrain, le match commence. Après 15 minutes, le score est déjà de 5 à 0 jusqu'à la première mi-temps. De retour, la 3ème 6 marque un 6ème but. La classe adverse lutte et réussit à marquer un but. Une élève crie : complétez, complétez le score car ils ont osé nous défier vu que Twenty est souffrant, ils n'ont pas cherché sa guérison comme nous mais ils ont vu sa maladie comme notre faiblesse. Punissez-les ! Un autre crie notre chef a pour sobriquet Twenty faisons lui honneur en mettant 20 buts. Il y avait 4 joueurs de la 3ème 6 qui étaient vraiment redoutable : Ce sont : Josué, Théodore, Adjahi et Karamoko. C'étaient les perturbateurs que Willy a changé par son comportement. Sans tarder, ils complètent 4 nouveaux buts. L'arbitre qui est un élève de la terminale, propose l'arrêt du match car c'est un massacre. Ils sont maintenant à 15 à 1. Les filles de la 3ème 2 partent car c'est une ignominie. Josué dit à Nadia d'écrire Twenty sur son tricot avec le marqueur puis inscrit un nouveau but. Théodore marque deux buts. Adjahi provoque un penalty. Là, il demande à Marc de bien le filmer. Karamoko place le ballon et écrit Twenty la sûr. Adjahi fait écrire Konan Twenty sur son tee-shirt et se positionne pour le tir. Dès que l'arbitre siffle, ses amis crient à haute voix Twenty et il marque un très beau but. Tandis que la balle est à gauche le gardien est à droite. C'est la joie 19 à 1. Ils font tout pour mettre le 20è. Marc remplace un joueur et décide de faire honneur à son meilleur ami. Il ne reste plus que cinq minutes pour que le match prenne fin. A l'approche de la surface de réparation sur le flanc droit, Karamoko drible un puis un deuxième et quand il est sur le point de tirer il est taclé par derrière. Ce qui leur vaut un coufran. Marc court se positionner non loin des défenseurs. Après le sifflet de l'arbitre, Théodore frappe de toute sa force et la balle tape le poteau. Marc réceptionne la balle, tire avec son pied gauche et met le 20è but. C'est la joie, les élèves de la 3ème 6 envahissent le terrain en dansant, chantant... L'arbitre donne le coup de sifflet de la fin du match. Marc poste la vidéo dans le groupe. Les élèves de la 3ème 6 vont saluer chaque élève de la 3ème2 et Josué dit : c'est juste une compétition. Marc le sage trouve les mots de fin du match : « Nous sommes en réalité de la même équipe car nous sommes du même établissement et devons-nous entraider pour abattre notre ennemi redoutable qui est le Brevet d'Etude du Premier Cycle». Ils se mettent tous à s'encourager.

Sur le réseau social, Willy félicite toute la classe et dit : la 3ème 6 n'est pas une seule personne mais c'est une famille...c'est une pluie d'émojis qui suit son poste.

Voulant s'assurer que son fils va bien, Catherine se rend dans sa chambre. Sur place, elle constate qu'il étudiait mais quand elle lui pose la question il répond non! Alors elle comprend qu'il ne se repose pas mais continue d'étudier.

Le lendemain, une délégation de la 3ème 6 sonne au portail. La servante va dans sa chambre et le trouve avec sa patronne. Elle fait la commission. Tous descendent. Au second salon ce sont les causeries entre amis. Puis il branche la clé sur l'écran plasma et fait jouer la vidéo du match. Ils sont tous très heureux au point où sa tutrice se déplace pour voir ce qui les met tant dans la joie. Sur place elle est époustouflée en voyant l'ambiance, le penalty et le but de Marc. Elle se dit en son cœur : quelle est cette motivante génération de jeunes? Ils passent un bon moment ensemble, laissent des fruits et des pots de lait. Il les remercie. Catherine leur remet dix mille francs pour leur transport après qu'ils aient demandé la route.

Willy a repris les cours le quatrième jour. Il se porte à merveille. En classe, les professeurs sont fiers des élèves de la 3ème 6. Lorsqu'ils donnent des interrogations, la plus faible note est 17/20 et la plus forte est 20. Par conséquent ceux-ci font des mini-devoirs afin de baisser les notes des élèves.

Dans la salle des professeurs, tous parlent de la 3ème 6 comme la meilleure des classes du pays. Certains professeurs dispensent des cours dans des collèges semi-privés et privés mais aucune classe n'égale la 3ème 6 selon eux. Les autres classes de troisième passent par la classe exemplaire pour traiter leurs exercices.

Elles admettent toutes que la 3ème 6 est la meilleure. Un élève de la seconde C3, vient chercher Willy. En réalité, c'est le professeur de physique qui l'a fait appeler. Arrivé dans la salle, le professeur présente Willy puis lui demande de faire l'exercice qui se trouve au tableau. En 15 minutes, il a fini. Alors qu'aucun élève de la seconde C3 n'avait réussi. Il le félicite puis le laisse aller. Une fois dans sa classe, ses amis s'enquièrent de ce qui s'est passé et le félicite à leur tour après ses explications.

De retour à la maison, sa tutrice lui offre une horloge neuve avec un joli tableau de la nature. En fait, elle a dissimulé une caméra dans l'horloge pour filmer les faits et gestes de son fils. Mais lui ne le sachant pas, la place de sorte qu'en soulevant sa tête de sa table d'étude il puisse la voir facilement. Il est à découvert. Ainsi Catherine peut voir ses faits et gestes. Deux semaines sont passées, la tutrice va récupérer l'horloge pour voir au moins ce que la caméra a pu filmer. Surprise, elle constate que Willy passe deux nuits blanches dans la semaine, dort à une heure du matin et se réveille à partir de 4h pour réviser. Ensuite elle vit son petit tableau qu'il camoufle sous son lit pour étudier. Il travaille dur la nuit. Elle comprend pourquoi la journée, il ne fait pratiquement rien. L'argent qu'elle lui avait donné pour ses besoins, il les avait utilisés pour l'achat des annales. Il a toute sorte de documents...Secouant la tête elle dit : « Il ne cessera jamais de me surprendre».

En classe, le professeur de français donne une interrogation. À sa grande surprise la plus mauvaise note fut 18/20. Il les rassure qu'elle sera plus ardue la prochaine fois et s'en va. Soudain, les élèves de la 3ème 4 viennent avec un sujet de science-physique qu'ils n'ont pas pu résoudre et aucune autre classe n'a pu le résoudre excepté la 3ème 6 qui ne l'a pas encore vu et traité. Willy prend le sujet et l'observe pendant plus de 10 minutes puis dit vous l'aurez plus tard alors qu'habituellement il le fait dans l'immédiat. Fidèle prit l'exercice et va au tableau pour le traiter mais il est bloqué. Willy vient et commence à le résoudre mais il est aussi bloqué au niveau de la troisième question. Déjà, les autres chefs de classes de troisième présents ne s'en reviennent pas parce qu'il a fait les deux premières questions. Mais plus étonnant tous constatent un exercice qui met les bâtons dans les roues de Willy. Coincé il dit : « je vais réfléchir sur l'exercice à la maison pour le rendre demain ». Toutefois, il copie l'exercice au tableau afin que chaque élève de sa classe copie et aille à la maison pour y réfléchir. Mais déjà tous abandonnent car ils ne comprennent absolument rien.

Le soir à la maison, Willy est sur l'exercice dans sa chambre en sorte qu'il a oublié de manger. Sa tutrice ne le voyant pas, va le chercher mais il promet de manger plus tard. Il veille sur l'exercice jusqu'au matin. Catherine se lève et va voir si son enfant a pu manger mais elle constate qu'il n'a rien avalé et est déjà parti en cours. En classe, les autres lui disent que c'est impossible de faire l'exercice. Un autre marmonne que celui-ci contient une erreur. Willy les regarde avec les yeux hagards et ne dit rien. Il envoie Marc leur dit qu'il ne finira pas maintenant car il lui faut un peu de temps. Chaque soir à la descente, après avoir étudié ses leçons, il se met à faire l'exercice.

C'est le weekend, il est assis devant la télévision et regarde une émission de QCM (question à choix multiples). Aux environs de 17h, il se met sur la table à manger du deuxième salon et traite l'exercice jusqu'à minuit. Sa tutrice s'approche de lui et dénombre plus de 100 brouillons. Elle lui dit : que fais-tu ? Il répond : j'essaie de résoudre un exercice qu'aucune classe de troisième n'a pu résoudre. Je suis aujourd'hui à mon quatrième jour. Catherine met des bananes douces auprès de lui et lui donne un baiser sur la joue puis ajoute : je sais que tu peux le faire. Aux environs de deux heures du matin, il trouve la troisième question et crie de toutes ses forces comme si une équipe de football vient de marquer un but pour se qualifier.

Toute la maison se lève pensant qu'il y a un danger. Dans la chambre Catherine rassure son mari qu'il n'y a rien. Il vient de résoudre un exercice qu'aucun élève de la troisième de son école n'a pu résoudre. Dago dit : cet enfant m'étonnera toujours puis fait un large sourire et s'en dort. Les autres le trouvent dans sa chambre et voient des feuillets au sol pliés et un dans sa main qu'il a brandi. Ils comprennent tous qu'il vient de trouver un exercice. Ils vont et ferme la porte. Ils ont compris qu'au lieu d'être les dérangés en entrant dans sa chambre ; ce sont eux les dérangeurs.

Le lendemain matin, il publie la correction dans leur groupe sur le réseau social en disant : On a gagné ! On a gagné ! Fidèle écrit : veux-tu nous dire que tu as résolu l'exercice ? Oui répond-t-il! Automatiquement, ses amis mettent des émojis(j'aime, joie, danse, saute, victoire, félicitations…). Pendant la pause, accompagnée de toute la classe, les chefs de classe de toutes les classes de troisième et certains élèves des autres classes sont présents pour voir la correction. Des professeurs pensent à une échauffourée. L'un d'eux court prévenir le proviseur tandis que les autres courent pour intervenir. Au tableau en 3ème 4, Willy corrige l'exercice et explique de sorte que tous le comprennent facilement.

En réalité, la troisième question permettait de répondre aux cinq autres. Le proviseur et des professeurs sont dépassés. Quand il a fini, tous l'ovationnent y compris le corps administratif présent. Ses amis crient : Twenty ! Twenty ! Twenty ! Plusieurs le saluent, le félicite et tapote dans ses bras. D'autres lui disent : tu es un chef. Le chef de classe de la 3ème 4 attend le professeur afin de lui donner le corrigé. Une fois en classe, il reçoit la correction. Celui-ci rire sans avoir pris le temps de regarder. Il leur dit : «je sais que vous avez boycotté l'exercice ». Mais quand il regarde la regarde de plus près, il est surpris de voir que c'est correct et très bien rédigé. Il met ses lunettes pour mieux voir et constate qu'il n'y a rien a signaler. Là, il les félicite et leur demande le nom du professeur qui l'a fait pour eux. Dites-moi son nom afin que j'aille le saluer. Ceux-ci étonnés lui disent que c'est le travail d'un élève ; le chef de classe de la 3ème 6. Quoi ! Qu'est-ce que vous me racontez ? C'est impossible, un môme ! NON ! NON ! NON !

Rapidement, il se rend en 3ème 6 salue son collègue, lui demande cinq minutes et à la permission de s'adresser au chef de classe puis à toute la classe. Non seulement, il le félicite mais il lui donne un billet de 5000 francs. Ensuite, il précise qu'il n'a pas pu lui-même dégoté l'exercice quand il était en troisième parce que c'était un vieil exercice que leur vieux professeur les avait donné en promettant un montant de 5000 francs à celui qui le trouverait. Mais personne n'a pu le faire ni nos grands frères de la Tle A, C et D. Même des professeurs c'étaient fourvoyés en essayant de nous aider. Mais c'est lui-même qui nous donna la correction. Cela renforçait, la notoriété de Willy et le respect de ses amis vis-à-vis de lui. Quand il partit son professeur pris la parole et dit : c'est le doyen de toute l'école que tu as épaté de la sorte. C'est vraiment bien mon petit ; continue ainsi.

Après le cours, il achète avec les 5000 francs deux paquets de craies de couleurs blanches pour leur groupe d'études. Ses amis saluent l'acte. Vu que le deuxième examen blanc approche, Willy et ses amis travaillent très durs pour faire les 100%. Déjà sur les conseils de Twenty tous ses amis suivent des cours de renforcements qu'ils ont eux-mêmes planifiés. Les professeurs de leur classe, voyant leur dévouement, décident de leur montrer des techniques d'études et bien d'autres choses. Monique la dixième de la classe propose des retrouvailles pour un festin après l'examen blanc chez ses parents. Ils acceptent mais regardent Twenty. Il donne son accord et propose de se mettre à l'épreuve d'un examen blanc qu'ils feront eux-mêmes pour voir où ils en sont. Tous sont d'avis. Ils décident de traiter un sujet de BEPC des années antérieures. Leur professeur principal se charge de faire la surveillance du début à la fin. Ils voient les professeurs d'anglais et Histoire-Géographie pour leur donner les heures pour débuter leur examen de prépa tel qu'ils l'ont surnommé. Ceux-ci acceptent. Ils débuteront donc le vendredi pour finir le dimanche soir…

Le matin, un car entre dans l'établissement, ce sont les élèves de la 3^{ème}6. Aucun n' est venu avec son sac si ce n'est des stylos et ensembles dessinateurs. Les autres élèves ne s'en reviennent pas. Le proviseur sourit. Après avoir salué le responsable de l'école, ils vont tous en classe composer. Le conducteur est fier de cette classe qu'il conduit et est devenu comme leur grand-frère.

Ils sont en plein test d'examen surveillé par leur professeur. Pendant trois jours, ils sont très occupés. Ils sont assis de deux à deux sur chaque banc. Il y a cinq rangées. Chaque élève regarde sa feuille ou devant lui. Tout besoin d'élève doit être dans un premier temps signalé au surveillant. Ils ont très concentrés. Les élèves des autres classes de troisième les regarde étant impuissant…Deux élèves s'approchent et demandent la permission d'entrer pour composer aussi. Le surveillant répond : je le veux bien mais il n'y a plus de sujets disponibles… A la fin c'est-à- dire le dimanche soir, Ils sont tous exténués Monique fait entrer des bouteilles de sucrerie pour leurs soulagements. Ils la remercient pour ce geste. Leur car vient d'arriver, ils montent tous. Le conducteur leur fait savoir que la fatigue se sent sur leur visage. Marc répond : C'est la fatigue du succès Jacob.

Aidé par certains professeurs, le professeur principal finit la correction en trois jours. Puis le lendemain, tous ceux qui ont corrigés sont présents pour les remarques et conseils devant l'élite du premier cycle du lycée d'excellence. La classe s'en est bien sortie avec zéro échec. Ils s'ovationnent, se donnent des accolades, se saluent puis cris de joie : super, fantastique, victoire, nous sommes les meilleurs… Contre toute attente dans la discrétion, Twenty sort une enveloppe de 50.000 francs pour remercier les surveillants et correcteurs au nom de sa classe pour ce grand travaille qu'ils les ont aidés à faire. Ils les prennent et les remercie.

Les autres se demandent la provenance de l'argent après le départ des professeurs. Y a-t-il eu une cotisation ? La confusion fit que Willy leur fit savoir que sa mère lui a remis cette somme pour eux après qu'il ait informé. Merci Twenty, disent-ils ! Tu ne cesseras jamais de nous surprendre…

L'administration est informée et le proviseur est très fier de ses élèves. Après une semaine. C'est le vrai examen blanc. Ils sont en plein examen et tout se passe bien pour chacun d'entre eux. Dans leur groupe sur les réseaux sociaux chacun fait part de ses inquiétudes par rapport à ce qu'il ne maîtrise pas ou ne comprend pas trop bien. Des solutions sont trouvées et chacun s'attèle à les appliquer. L'examen s'achève, tous corroborent le bon déroulement des épreuves. Ils attendent les résultats avant de faire la fête chez Monique.

Deux jours avant les résultats, la 3ème 4 confirme qu'elle sera la meilleure mais la 3ème 2 dit qu'elle viendra après la 3ème 6. Il est 10 h du matin, Sur le balcon, le proviseur proclame les résultats…Willy a eu 350 points avec la mention Très bien ,15 élèves de sa classe eurent la mention bien puis 17 autres élèves la mention assez-bien et les 7 derniers eurent la mention passable. Toute la 3ème 6 est admise. C'est la triple joie… Jacob est à coté et les félicite pour leur succès. Quant aux autres classes ce sont les mentions bien, assez-bien et passables toutefois plusieurs avaient échoué dans leurs classes respectives. Sur le tableau des affichages en plus des noms des admis, la liste de la 3ème 6 est mise en tableau comme la meilleure classe de l'examen.

Dans l'après-midi à L'EPS (épreuve, physiques et sportives), le professeur les félicite. Pendant la course de vitesse, Willy doit compétir avec quatre amis (Josué, Théodore, Adjahi et Binazon). Au signal du professeur, ses amis lambinent et le laissent gagner puis se mettent à rire ensemble. Ils reprennent la course à sa demande au professeur. Là, c'est du sérieux tous se donnent à fond mais contre toute attente, Willy a fini troisième. Son entrainement dans la salle de gymnastique a payé. Il y a eu seulement un mètre entre lui et ses devanciers…

Le jour suivant, ils se retrouvent tous chez Monique pour festoyer. Chacun a contribué à hauteur de 3000 francs pour l'organisation de la petite fête. Le total du montant rassemblé est de 120.000 francs mais le père de Monique a complété 100.000 francs. Celui-ci voulait rencontrer Willy depuis longtemps à cause de tout ce que sa fille disait à son sujet. Avant de commencer à manger, tous veulent que

Twenty face un discours d'au moins 2 minutes. Il dit : Je suis heureux de me retrouver ici avec vous car vous compter beaucoup à mes yeux. Par vous je sais ce qu'est l'amitié et notre amitié continuera à briller toujours. Soyons meilleurs dans ce que nous faisons, soyons assidus et ponctuels dans tout. Respectons, soyons ouvert et curieux. Agissons dans le domaine dans lequel on est plus fort comme si on était les plus nuls en sorte que personne en dehors de nous puisse produire le résultat extraordinaire que nous allons produire. <<La vertu n'appartient qu'à un être faible par sa nature et fort par sa volonté >>. Ainsi c'est exprimé Jean Jacques Rousseau. Dès qu'il a fini ses amis se sont mis à applaudir. Le père de Monique est très surpris qu'un enfant puisse s'exprimer ainsi. Etant un homme d'affaire, il dit : celui-ci sera un magnat des affaires. Ils passent tous à table. Willy propose que chaque élève qui a bien envie de raconter sa petite histoire édifiante sur son progrès et ses ambitions le fassent. Ils trouvent tous l'idée bonne. Plusieurs veulent être des Directeurs généraux d'entreprise d'autres ministres, Directeur Marketing, Directeur des ressources humaines…d'autres travailler à leur propre compte. Willy les surprend tous car à ce niveau, il n'a rien à dire ; pour lui ce sont ses études. Monique l'appelle de côté et lui fait des avances de peur qu'une autre fille le fasse avant elle. Comme c'est un moment de joie, il lui dit qu'il a compris et retourne auprès des autres. Il ne voulait en aucun cas ou pour aucune raison enfreindre à son code d'honneur. A la fin de la réception, chacun rentre chez lui à la maison.

Dans le lycée d'excellence, les élèves de la 3ème 6 sont très respectés. Twenty est devenu une icône en sorte que les autres élèves viennent le voir pour des conseils et ils traitent leurs exercices.

Monsieur Dago, décide de faire une ballade avec Willy qu'il considère comme son fils désormais. En marchant, il lui explique qu'il est prêt à investir dans son école car il est convaincu qu'il sera une personnalité importante du pays. Puis il pose une question à Willy : Qu'aimerais-tu être demain ? Que voudrais-tu faire comme activité dans l'avenir ? Je ne sais pas pour le moment papa mais je ferai ce que tu me diras de faire. D'accord je suis certain que cela te viendra avec le temps. Toutefois continue d'être le meilleur élève des classes de troisième du pays.

Le surlendemain, entre les élèves ce sont les murmures, l'examen rouge n'est plus loin, le vrai examen est dans deux mois…Willy toujours serein garde sa méthode infaillible d'étude qui fait qu'il n'est pas du tout inquiet. Le groupe de la

3ème 6 se choisit une salle de travail dans l'établissement. Après deux semaines de travaux, les élèves des autres classes viennent se joindre à eux pour des travaux en commun. La salle de classe ne suffit pas parce qu'au lieu de 50 personnes maximum, ils sont au total 200 élèves. Il y a des élèves de la 3ème 1, 3ème 2, 3ème 3, 3ème 4, et la 3ème 5. Vu le nombre, les différents chefs de classe vont voir ensemble le proviseur afin d'avoir la salle polyvalente pour étudier. Il valide. Les professeurs qui ont organisés les cours de renforcement sont étonnés de voir la salle polyvalente bondé d'élèves prêts à s'auto-préparer pour leur examen.

Quand ils commencent à traiter les sujets des anales qui sont des examens passés, plusieurs autres élèves qui ne les avaient pas rejoints s'ajoutent progressivement en sorte que de 200, ils sont passés à 300 élèves. Les professeurs sont stupéfaits, fiers et enthousiastes pour leur apporter leur aide. Ce n'est plus des élèves du lycée d'excellence seulement mais de plusieurs autres établissements qui sont invités par leur ami pour potasser.

Un jour alors qu'ils sont en train d'étudier, le proviseur vient prend la parole et les encouragent puis stipule que leurs œuvres resteraient gravées dans les archives de l'école et qu'ils seront cités toujours en exemple. Vu que Willy est le plus petit d'entre les chefs de classe, il laisse la parole au plus grand c'est-à-dire le chef de classe de la 3è2 alors qu'eux tous l'on choisit pour le faire. Georges remercie le proviseur et promet qu'ils feront de ce lycée le meilleur du pays.

À la veille de l'examen, Willy sort de la maison pour prendre de l'air. Dehors, il voit la petite amie de l'un de ses grands-frère qui le salue et vient s'asseoir auprès de lui au jardin. Pendant dix minutes Willy n'a prononcé que deux phrases mais elle le barde de mots, de phrases...Il décide alors de parler à Bruce. Il appelle et l'indique la maison. Sans lui fausser compagnie, il lui fait savoir qu'il recevra la visite de son ancien répétiteur. Elle décide donc d'entrée à la maison. Puis elle ajoute : tu ne barjaques pas du tout...Arrivé chez la famille Dago, les deux échangent pendant plus de trente minutes. Willy pose une question : Qu'as-tu fait à la veille du BEPC ? Bruce répond : Je suis rentré à la maison puis j'ai fait les cent pas et je n'ai touché à aucun de mes cahiers car je m'étais suffisamment préparé. Pendant plus de deux heures, ils causent. C'est bientôt le crépuscule, Willy accompagne Bruce et le met dans un taxi compteur pour qu'il rentre.

De retour dans sa chambre, il envoie un message d'encouragement à ses amis de classe puis aux autres qui les avaient rejoints. Ils sont passés de quarante élèves à trois cent dans leur groupe. Tous répondent en s'encourageant. Mais un élève pose une question simple à Willy : Que fais-tu actuellement ? Il répond: Je suis allongé sur mon lit ! Idem répond Marc ! Chose surprenante c'est qu'eux tous ne sont pas en train d'étudier. Le lendemain, chacun regagne son centre d'examen.

Ce sont les oraux. Ils s'en sortent tous bien selon les différents témoignages de chacun. Les épreuves écrites débuteront la semaine prochaine...

Au cours de la composition, Willy s'est fait repérer par un surveillant à cause de son travail remarquable. Celui-ci voulant encourager la tricherie dit : donne ton bouillon afin que les autres puissent traiter correctement les différents exercices car les mathématiques ne sont pas du tout faciles. Non, dit Twenty ! Le surveillant promet de l'aider en anglais s'il lui remet le brouillon. Il répond : merci ! Une élève a attiré l'attention de tous les candidats car elle est entrée avec une robe et a mis une croix religieuse au cou comme une jeune fille pilleuse. Alors qu'en réalité c'est sa stratégie de dissimulation des petits anales pour traiter les sujets. Sous sa robe, se trouvait des documents par rapport aux différentes matières qui sont faites. Plusieurs surveillants la surprennent mais ne disent rien. Etant assis : ils entendent laisser moi, je n'ai rien fait ! Je n'ai pas triché. Ils soulèvent tous leurs têtes et voient un élève avec un professeur menottés accompagnés par deux agents de police car ils ont été surpris en flagrant délit de tricherie. La pilleuse tricheuse dans la salle de Willy est prise de panique et se met à transpirer car elle craint d'être dévoilée. Lors des épreuves d'histoire-géographie, le surveillant s'est mis à vendre la correction à un billet vert. Plusieurs lui demandent : qu'est-ce qu'un billet vert ? Un autre candidat répond 5000 francs ; alors tous appellent le professeur dans un silence absolu sauf Twenty. Il distribue quatre feuilles au premier de chaque ranger afin qu'ils prennent une copie et fasse passer le reste. Plusieurs se servent des téléphones qu'ils ont fait rentrer et d'autres des feuilles qu'ils ont dissimulées dans leurs habits, chaussures fermées...Sans douter de ses capacités, le petit Konan continue de travailler les yeux rivés sur sa feuille.

Le dernier jour des épreuves, Willy voit sur son côté gauche un élève qui tremble parce qu'il ne comprend pas du tout le sujet. Le surveillant le réconforte mais il continue de trembler de peur. Willy lui dit : tous comptent sur toi à la maison, fais comme si tu es seul devant ton petit tableau. Prend ton temps et relit le sujet au moins 5 fois, ça ira. Le jeune candidat se ressaisi peu à peu et commence à écrire. Les épreuves sont terminées, l'élève qui paniquait s'approche de lui et le remercie beaucoup car son intervention l'a beaucoup aidé. Les deux se saluent et font les présentations…

Derrière, il entend la voix de sa tutrice, il se dirige vers elle et rentrent à la maison. Toutes les épreuves sont mises dans le groupe sur le réseau social. Ils se donnent rendez-vous à l'école pour corriger les épreuves car chacun voulait voir son travail. Certains professeurs sont présents pour les aider mais ils furent surpris de voir les élèves se charger de la correction comme si c'étaient eux qui avaient donné les sujets. Toutefois, ceux-ci intervenaient surtout au niveau de la littérature. Les professeurs qui aidaient les élèves vont voir le proviseur et expliquent que l'école fera 100% cette année au BEPC. Etonné, Il décide d'organiser une fête à l'honneur de l'établissement et récompenser tous les admis. Sur place, il fait confectionner une affiche et la fait placarder sur le tableau d'affichage. Tous les élèves, professeurs et l'administration sont conviés à la fête de fin d'année.

Pour l'affectation en vue du second cycle, la majorité des élèves ont demandé à être affectés au même Lycée d'excellence. C'était le choix de Willy et tous ses camarades l'on suivit. Avant la date de la proclamation des résultats, il va rendre visite à sa mère biologique. Là-bas il joue avec sa petite sœur pour qui, il a tant d'affection. Sa mère constate le changement morphologique de son fils.

À deux jours du résultat Willy retourne chez la famille Dago. Dans sa chambre, il suit des cours de la seconde C car c'était son choix et celui de bien de ses amis. Mais d'autres choisirent la seconde A. Le jour fatidique est arrivé, Twenty va avec 15 de ses amis car ils étaient dans le même centre. Quant aux autres, ils étaient tous dans un autre centre. Dans son centre, déjà les jurys sont présents et prennent la parole en disant candidats approchés. Tous les candidats approchent. Après un bref discours, il commence par la meilleure mention et dit : « Cette année, nous avons la mention très bien avec plus de points que prévu». Plusieurs disaient : y a-t-il un génie parmi nous ? D'autres disaient : c'est qui ça, Il doit très être fort ! Le jury donne le numéro de table puis le nom du candidat (Konan Willy). Ses amis le sachant déjà, crient : Twenty, Twenty, Twenty. Tous voulaient voir le candidat et donc chacun prêtait attention à celui qui allait dit présent. Alors il, lève son bras et dit : Présent ! Le voyant plusieurs étaient étonnés de voir un beau garçon avec une belle forme. Rapidement, le président du jury dépose le micro et se mit à applaudir, les autres suivis puis tous ceux qui étaient présent firent comme lui. Puis il dit : il a eu 355 points sur 360. Après, il descend dans la mention bien ... ses 15 amis sont admis. Dans leur groupe sur le réseau social, tous sont admis. Willy et ses amis sont dans la file d'attente pour récupérer leurs collantes. Monique fait irruption et saute dans ses bras. Dans la joie, il lui fait des accolades s'oubliant mais dès qu'il revint en lui, il l'écarte progressivement de lui sans que quelqu'un ne fasse attention mais elle le savait. Combien de points as-tu eu ? 275 points ! Lui répond Monique. C'est très bien.

Les autres élèves le regardent puis le félicitent. Plusieurs décrochent et appellent leurs parents pour leur succès et d'autres ne décrochent pas parce qu'ils ont échoué. Mais un élève qui avait lamentablement échoué vint avec sa collante et la montre à Willy, il a eu 25 points. À peine Willy ouvrit la bouche qu'un membre du jury vint avec la télévision nationale pour une interview. En réalité, la télévision nationale avait pour habitude d'interviewer les élèves lors des examens et de la proclamation des résultats dans ce centre. Willy répond à toutes les questions du journaliste. Mais la principale question était : Qu'as-tu fait pour avoir un tel résultat ? Il répond : Un jour fait 24 h moi je dors pendant 6 h, tout le reste c'est pour mes études. Je ne vais jamais en classe sans connaître ma leçon et Je n'attends pas le professeur pour connaître mon cours mais déjà à la rentrée, je prends les programmes avec les professeurs et je fais mes propres recherches. Ma stratégie est que je dois avoir de l'avance sur mes amis. Par exemple, j'ai déjà fait les 10 premières leçons dans les matières principales de la secondes C alors que je ne connais même pas le nom de mon établissement et mes professeurs. Le journaliste dépassé dit : « c'est un succès mérité et tes sacrifices sont récompensés aujourd'hui » ...Effectivement ! dit Willy...L'élève qui a échoué comprit, pris son contact et alla en le remerciant pour ses précieux conseils.

À la maison sa tutrice a rassemblé toute la famille y compris la famille Konan pour l'attendre. Monsieur Dago veut l'appeler mais sa femme s'y oppose car tous nous savons qu'il a eu mais notre souhait est qu'il soit le meilleur du pays. Alors il décide de patienter comme tous les autres. L'administration du lycée d'excellence n'avait pas encore envoyé une invitation au maire mais dès qu'elle fit les 100% le proviseur le fit diligemment. Le maire fier et content de voir un tel résultat dans sa commune accepte volontiers de participer afin d'encourager et féliciter les meilleurs élèves.

Une fois à la maison, il voit que tout le monde est présent. Content, il dit: je suis admis! Personne ne dit un mot ni ne manifeste quelque chose. Alors il rire un peu et ajoute : j'ai eu la mention très bien avec 355 points sur 360. Ils se mirent tous à crier Woooooooh, Woooooh...Contre toute attente sa tutrice a bondit sur lui et fut la première à le prendre dans ses bras. Ensuite vient monsieur Dago qui le prend aussi dans ses bras, les autres viennent à leur tour...c'est bien félicitation, merci pour ce travail remarquable ... Rachelle saute dans ses bras...mais son père est comme indifférent et le félicite. Pour lui tout ça peut s'écrouler du jour au lendemain si son fils n'est pas honnête, intègre, poli... il est craintif.

C'est la joie, ils mangent, boivent et dansent. Dago met la musique, danse et chante. Sa femme, ses deux fils, Jeanne suivent, Eveline, Rachelle enfin Richard se met à danser aussi. L'honoré est surpris de voir son père exprimer sa joie ainsi. Dago vient prêt de lui et lui dit à l'oreille : gaou là!

Trente minutes après sa tutrice met en marche l'énorme écran plasma et joue une vidéo qu'elle avait faite. Le titre : L'infatigable petit Konan Willy dit Twenty. Tous s'assis pour regarder. Willy était très étonné de voir son secret d'étude rendu publique et regarda avec tout le monde jusqu'à la fin. Tous sont ébahis. Ils regardent ses nuits blanches, comment il fait pour assimiler ses leçons avec une tête qui tanguait et où il est tombé de sa chaise en tirant la nappe de la table et ses livres sont tombés sur sa tête car il dormait à peine. Comment il récitait ses leçons en marchant dans tous les sens...Tous compris que l'enfant ne jouait pas avec ses études. A la fin de la vidéo, il y a le match que ses amis ont discuté avec une classe de troisième ... sa mère, son père et son tuteur ne furent étonnés de voir l'amitié qu'il y a entre lui et ses amis. Pour la circonstance il a eu des cadeaux. Un montant de 200.000 francs plus un terrain de deux hectares de la part de son tuteur qui voulait l'introduit déjà dans le monde des affaires. Ce cadeau a particulièrement réjoui Richard parce qu'il a compris que son patron veut réveiller en son fils le sens des affaires. Willy est étonné, un terrain mais que vais-je faire avec papa ? À toi de me le dire. Répond Dago.

Le lendemain avant que la famille Konan ne rentre à la maison madame Dago, décide de faire un tour au supermarché pour leur offrir des cadeaux. Devant eux l'escalier roulant, Jeanne panique car elle n'est jamais montée sur une telle chose. Catherine la met en confiance et ensemble elles montent...En haut elle rire et Jeanne se met à rire aussi mais très paniquée. Les courses terminées Jeanne, sa fille et sa petite sœur monte dans un taxi compteur qui les ramène à la maison.

Au domicile des Dago, sa tutrice lui demande ce qu'il fera sur le terrain. Willy lui explique qu'il n'a encore rien décidé. Elle revient sur la fête qui aura lieu dans son école et souhaiterait qu'il porte une veste sur mesure mais il ne voulut pas. Pour lui, ce qu'il a comme vêtement est déjà suffisant. Elle insiste en sorte qu'il accepte. C'est un costume original avec nouvelle paire de souliers...

C'est la fête. Accompagné par sa tutrice, sa mère, Eveline et sa Sœur. Il ne passe pas du tout inaperçu. Rejoignant ses amis, ceux-ci le regardent et l'apprécient. Dans l'établissement tous le connaissent. Il s'asseoir et voit les professeurs qui parlent en le regardant. Tous sont installés mais dans l'attente de l'arrivée du maire, l'animateur de la cérémonie demande aux personnes présentes de se lever car le maire fera bientôt son entrée. Deux minutes après sous des fanfares le maire entre mais celui-ci fait des pas de danse pour montrer que c'est un moment de joie où sera célébrée l'excellence. Après qu'il soit assis, le proviseur fait son discours pour dire Akwaba au premier magistrat de la commune; une façon de lui dire bonne arrivée. Après son discours il est acclamé.

Le Maire pris la parole ensuite commence son discours après quoi lui-même honorera les meilleurs. Il savait qui était Willy car celui-ci avait été interviewé par un journaliste de la télévision nationale. Aussi, le tuteur de Willy était son ami. Dès qu'il prit la liste sur laquelle figurait les meilleurs élèves, il dit: Konan Willy, puis il marque une pause ... Dès que Willy se lève de sa chaise, tous les élèves après que Fidèle est crié en premier Twenty, crient aussi Twenty, twenty, twenty et des professeurs se joignent aux élèves, crient en applaudissant Twenty...cela engendra un grand bruit et le maire dit: « ceci est le bruit de l'excellence ». Tous applaudissent encore et encore. C'est un grand jour stipula l'autorité administrative de la commune. Sa mère et sa tutrice qui sont présentes, sont dans une grande joie et commencent à pleurer de joie car il leur avait fait honneur.

Devant tous, le maire donne l'information selon laquelle les meilleurs élèves seront reçus par la ministre de l'éducation nationale et de l'alphabétisation et le président de la république pour encourager l'excellence. Ainsi Willy fait partir des hôtes de son excellence. Il a été déclaré le meilleur élève de la 3ème ayant eu le plus de point au BEPC et le meilleur élève du premier cycle dans tout le pays. Je lui donne personnellement une enveloppe de 300.000 francs avec des livres, cahiers en sorte qu'un professeur vint l'aider à tenir ses cadeaux. Il lui donne le micro en stipulant qu'il est vraiment bien habillé. En réalité, c'est sa tutrice qui l'avait mis dans ce costume de 350 euros.

Quand Willy prend la parole, il raconte un peu son histoire. D'antan je ne partais pas à l'école car mes parents étaient pauvres donc mon ardoise était le sol et mon stylo mon doit ou le petit bois que je trouvais autour de moi...aidé par nos voisins j'ai commencé à aller à l'école. C'est là que je me suis donné à fond et j'étais le meilleur au primaire. Mais mon père à rencontrer une famille extraordinaire à qui je dois aussi ma compétence car elle m'a pris comme son fils et je suis leur fils...donner vous toujours à fond dans ce que vous faites pour réussir à l'école, accordez toujours plus d'importance à vos études. Travailler plus dormez moins et soyez honnêtes, intègre...merci...tous l'applaudissent après son discours.

Ensuite le maire appel les suivants ...jusqu'à la fin. Le proviseur vint féliciter au nom de l'administration les élèves de la classe de 3è6 pour leur succès fulgurant au sein de l'établissement et des examens. À la fin de la cérémonie le maire prend une photo d'ensemble avec les meilleurs élèves qui sont au nombre de 200 pour tous les niveaux. Puis avec Twenty et sa famille, le proviseur vient s'ajouter...

Le lendemain un article de journal parle de la cérémonie de récompense des meilleurs élèves au lycée de l'excellence. Cinq lignes parlent de Twenty sur le rapport du journaliste. Ses parents voyant cela sont tous fiers de lui.

Durant les vacances, il sort chaque deux jours aux environs de 15h et revient à 17h. Quand ses parents lui demandent, il répond qu'il était avec ses amis.

Les affectations sont sorties, il est toujours dans le même lycée. À sa grande surprise, presque tous ses amis sont dans le même lycée seulement les classes sont différentes. Il est maintenant en seconde C.

Marc le rejoint et ensemble, ils vont au Zoo. Sur place, ils voient des lions pour la première fois. Ils sont très vite dépassés par leurs formes et longueurs. Plus loin, ils voient une girafe. Sa taille est très impressionnante. Ce fut une belle expérience pour les deux amis. Mais il fit très écœuré lorsqu'il vit des éléphants affamés, des panthères maigres et bien d'autres animaux qui laissaient voir qu'ils n'étaient pas du tout entretenu. Marc dit à un gardien : Pourquoi sont-ils ainsi ? Nous traversons une crise financière ici et depuis nous comptons sur l'attraction des populations par le Zoo pour remédier à ce problème. Dit l'un des surveillants. Autant les laisser dans leur milieu naturel s'il n'y a pas de moyen pour prendre soin d'eux. Dit Willy à Marc. Ensuite, ils vont au glacier et se font des selfies. Monique appelle Marc pour voir sa position. Sans dire son identité, il lui indique l'endroit. Quinze minutes après la voilà qui descend du taxi compteur. Marc lève sa main et l'appelle. Elle se joint à eux puis les salue par des bises à la joue. Lui est volontiers mais Willy préfère la salutation par la main. Ce qu'elle fit sans se plaindre car elle est sûre qu'un jour il la verra différemment. Ce fut des moments intenses de causerie entre jeune. Il se livre à des QCM, devinettes…

Un couple libanais est présent à la table voisine pour passer un moment agréable en famille dans le glacier. La fille du libanais qui est de la même promotion qu'eux passe son temps à mater Willy du regard. Monique Jalouse se positionne pour l'empêcher de trop le fixer. Finalement, la jeune libanaise dit des phrases et toute sa famille se tourne pour regarder Twenty. Elle se lève de sa place et va vers lui. C'était une très belle jeune fille. Marc regarde son ami et dit : le soleil luit sur toi encore. Elle les salue et se présente puis le félicite pour ses résultats exceptionnels à l'école ; surtout au BEPC. Etonnamment il se met à bégayer car c'était sa première fois de parler avec une blanche. Il se ressaisit et la remercie. Elle retourne à sa place. Le père de cette dernière, lève sa main et les salue, ils répondent en courbant leurs têtes. Ils décident de rentrer à la maison car il commence à faire soir.

Des jours après, les meilleurs élèves du pays sont reçus par le président de la république qui les fait passer un agréable moment avec lui. C'était des moments intenses d'échangent et de conseils. Il propose de jouer au damier avec Willy car dit-il c'est un jeu qui le passionne. Ils s'affrontent mais le petit Konan est à sa quatrième victoire. En réalité, ils sont assis les pieds croisés sur une moquette. A sa cinquième victoire, le président abandonne et se couche par derrière sur le dos et dit : « Petit, tu es fort ! C'est ton président tu as gagné comme ça. » Tous rirent et acclament. Après les festins, ils reçoivent les cadeaux. Twenty reçoit en plus d'un performant ordinateur, la somme de 1.000.000 francs CFA, des documents et DVD des langues étrangères telles que l'anglais, Espagnol et le mandarin. Ils entrent avec une très belle expérience.

Willy va rendre visite à Marc afin de connaitre son domicile ainsi que ses parents. Marc vit dans un quartier précaire mais ses parents font partie de la classe moyenne. Ils ont préféré habiter le quartier pour mieux économiser et ont construit une villa basse de 7 pièces avec tous autour 4 magasins et 5 chambres-salons à louer. Après avoir mangé, ils décident de faire un peu de 100 pas. Clément salut Marc et il répond. C'est un jeune étudiant qui malgré la présence de ses parents, lutte en vidant les ordures des familles du quartier chaque vacance pour financer ses cours ainsi que ceux de ses frères et sœurs. Chapeau dit Willy après la brève histoire conté par Marc.

En marchant, ils aperçoivent Monique sous un manguier. Ils la saluent. Habites-tu le secteur ? Dit Willy. Non! Répond-t-elle. Le contraire m'aurait étonné. Dit-il. Puis ils retournent chez Marc et passent la journée ensemble…

A huit 8h30, il se rend au gymnase. Travaillant ses biceps, il voit Marc qui met ses deux mains sur le poids pour le rendre plus lourd, là Willy abandonne et lui demande ce qu'il fait ici. Comme toi, je suis venu me muscler mais Monique est avec moi. D'accord mais on aurait dit qu'il y a quelque chose entre toi et Monique ? Tu ni ait pas du tout mais un jour tu comprendras. Willy, Willy dit Monique. Il soulève sa main pour la répondre en faisant semblant d'apprécier sa présence car pour lui les garçons restent entre eux et les filles entrent elles. Lorsqu'ils finissent, chacun prend la direction de sa maison.

Dans un mois tous les élèves se dirigeront vers l'école pour les inscriptions afin de débuter les cours. Il est 16h, les enfants de la cité sont au petit jardin du quartier en train d'échanger entre amis, jouer au carte ou football. Pendant ce temps Willy est dans sa chambre en train de suivre des documentaires sur les élèves les plus forts du monde. En effet, pour lui, celui qui veut être plus fort doit faire comme le plus fort afin de l'égaler et le surpasser ci-possible. Il reçoit un message sur le réseau social sur lequel il a un profile. C'est un lien. Il clique et regarde une vidéo où l'histoire d''un jeune garçon suscite des vues astronomiques. Déjà en deux jours, il y a deux millions de vue.

Cette vidéo relate la vie d'un adolescent de 15 ans qui parcours à pieds du lundi au vendredi une distance de 10 kilomètres en aller-retour pour aller à l'école à cause de la pauvreté de ses parents. Le weekend, il va dans des quartiers résidentiels pour laver les toilettes pour avoir de quoi manger avec sa mère et payer ses études. Il a une paire de chaussure, une seule tenue, un seul et même sac depuis trois ans. Sa mère se charge du loyer, l'électricité et l'eau selon qu'ils ont reparti leurs taches. Souvent pour manger à sa fin, il se rend à plus de six kilomètres pour ramasser les produits périmés des entreprises de fabrications de biscuits, bonbons, sucreries, laits et les envois à la maison dans un gros sachet noir…

A la maison, pendant plus de 30 minutes, il se tord de fortes douleurs au niveau du ventre. Sa mère paniquée ne sait que faire. Elle met ses mains sur sa tête, sur sa hanche, les posent au sol et commence à pleurer. L'enfant parvient à lui dire de l'emmener à l'hôpital. Avec quoi ? Répond-elle. Voir dans mon sac, il y a un billet de 1000 francs, elle essaie de le soulever mais elle n'y arrive pas du coup. Du coup elle se met à courir en pleurant pour trouver rapidement un taxi. Aucun véhicule ne s'arrête car ils sont tous occupés de clients. Finalement un taxi s'arrête avec un passager à bord qui s'enquiert des nouvelles et comme s'il était de la famille, l'a fait monter puis vont chercher l'enfant. Sur place c'est un enfant extenué, terrifié qu'il trouve. Le monsieur le soulève, le met dans le véhicule et ils vont à l'hôpital. Etant arrivé, c'est sur un brancard qu'il est évacué dans une salle d'urgence.

Quarante minutes après son état est stable grâce au personnel médical qui s'est occupé de lui. Sa mère est appelée de côté par le médecin qui lui pose des questions sur ce que son fils consomme à la maison. Des produits périmés qu'il ramasse dans des coffres à ordure. Votre fils a frôlé le botulisme. Il pouvait être paralysé et même en mourir. Par conséquent contrôlez son alimentation et veillé sur lui. Toutefois, pour tous les soins vous allez payer 100.000 francs l'ordonnance y compris. Docteur je suis pauvre, je n'ai pas l'argent, je souffre, mon mari est mort et elle se met à pleurer en sorte que le monsieur altruiste avec qui elle est venue converge vers eux, la console puis prend tout en charge…

Vu que tout est rentré dans l'ordre, il les raccompagne à la maison et fait un constat qui ne dit pas son nom. Chez eux tous fonctionne avec des piles : le petit poste radio, la lampe… leur maison en bois est pourri, c'est le gros sachet noir qui le recouvre qui fait que personne n'arrive à le voir de l'extérieur. Le monsieur appelle un agent immobilier afin qu'il lui trouve rapidement un studio de deux pièces. C'est chose faite. Il les fait déménager en deux jours et remet une enveloppe de 300.000 frs en plus de tous les meubles qu'il leur a donné. César et sa mère en pleurant le remercie du fond du cœur. Il insiste sur le fait qu'elle doit prendre la somme d'argent dans l'enveloppe pour faire un bon commerce afin de subvenir à leurs besoins. Elle lui demande son numéro de téléphone, il refuse en lui disant qu'il sait où les trouver et il partit.

Invités sur un plateau télévisé pour raconter son histoire, elle et son fils expliquent tout dans les moindres détails. Les internautes ont mis des milliers de commentaires, d'émoticônes d'amour, de joie...

Willy remercie Marc pour cette incroyable histoire qu'il a découvert. Les deux amis se font un appel vidéo et échangent pendant de 10 minutes. Willy dit : « L'invention du téléphone et la découverte d'internet a fait basculer l'humanité dans une nouvelle ère.» Oui mon ami, c'est l'innovation.

Chapitre IV : Willy au second cycle

Les enfants reviennent des vacances ; plusieurs repartent dans leurs villes et d'autres retournent dans leurs communes respectives…

C'est la rentrée scolaire, tous les parents sont dans les démarches d'inscription. Du coté de Willy le proviseur s'est chargé lui-même de tout contre toute attente. Il a tout payé : les fournitures et accessoires scolaires. Dago le remercie et rentre tout en le laissant avec ses amis. Ils sont très heureux de le voir et lui aussi. Ils passent des moments agréable ensemble et ils se remémorent leurs succès en troisième.

Le lendemain, les responsables de l'établissement l'appel et le désigne comme étant l'ambassadeur des élèves de son école. Son rôle était de tout mettre en œuvre pour aider ses amis à ne pas fumer la cigarette, boire l'alcool, se prostituer entre élève ou avec les professeurs, voler, sécher les cours, à respecter les responsables de l'école, les professeurs et veiller aux respects des droits des mineurs. Voyant l'importance de sa responsabilité, il établit son bureau constitué de 6 membres dont il est le responsable. Les cinq membres ont respectivement été responsabilisés avec des tâches de secrétaire, responsable adjoint… en fonction de leur compétence et leur maîtrise du milieu. Quant à Willy, il supervise tout ce qu'ils font. Aussi, il informe le comité qu'à chaque trimestre un journal sortira pour informer l'administration, les professeurs et élèves de tout sur l'école.

Ils sont en classe, chaque élève se choisit un voisin. Marc se met au premier banc de la deuxième rangée avec Simone. Rapidement, Monique s'assoit auprès de Willy derrière Marc en lui disant qu'elle est sa voisine pour toujours. Il hoche sa tête pour dire qu'il consent.

Déjà les enfants se démarquent tant dans le comportement que dans le travail. La complicité de Marc et Monique est-elle que Twenty leur demande ce qu'ils mijotent tous les deux. Rien disent-ils.

Monique travaille bien en classe car elle sait que c'est la seule chose qui a de l'importance aux yeux de celui qu'elle aime. La jeune fille a des penchants qui sont catégoriquement opposé à l'éducation de celui qu'elle a choisi.

Durant la réunion de la création du comité, ils s'accordent sur le nom et l'appelle le CPELE (Comité pour la Protection des Elèves du Lycée d'Excellence). Puis ils évoquent le fonctionnement et plusieurs autres points. Ils décident de faire connaître le comité, son rôle et ses responsables à chaque élève en passant dans chaque classe.

Tout se passe bien jusqu'à ce qu'un réseau de jeunes filles qui se prostituent dans l'établissement soit mis à la lumière du jour. En effet, elles font des tontines entre elles à travers la prostitution pour avoir du sou. Chaque fille dans le plus grand secret doit au moins rassembler 50.000 francs avant la fin de chaque semaine. Pour cela, elles ne manquent pas de faire des toilettes de l'école, des salles de classe et des hôtels d'alentours leurs lieux de perversion. Ce phénomène est récurrent chez les élèves du second cycle. Elles ont des rapports sexuels avec des éducateurs, professeurs et des élèves de la terminale, première, seconde voire troisième. Avec tâte le CPELE décide d'éradiquer ce phénomène dans l'enceinte de l'école.

Pour cela, Sylvain un élève du comité qui est en charge d'avoir les yeux sur tout ce qui est prostitution et harcèlement sexuelle se fait passer pour un élève en quête d'une petite amie auprès des jeunes filles déjà identifiées comme prostituées. Vu que Monique est très belle, Twenty décide de la faire jouer le même jeu en la faisant intégrer leur groupe.

Deux semaines après, les deux découvrent un très grand réseau de prostituée très bien organisée. Sylvain étonné des faits explique que c'est impossible de mettre fin à cela surtout que des orphelines vivent de ce phénomène, d'autres pour le plaisir, certaine pour ne pas se sentir frustrer de ne pas avoir un copain... Monique est du même avis mais leur responsable stipule que rien n'est impossible s'il n'essaie pas d'abord.

Rapidement, Monique identifie chaque fille et leurs copains. Pareil pour Sylvain du côté des garçons. Ils se retrouvent avec plus de cent filles et garçons qui sont dans le copinage élève-élève puis 10 filles dans le copinage professeur-élève. Avec des preuves palpables, ils décident de passer à l'offensive. Ils collent des affiches sur le tableau qui montrent des élèves et professeurs aux visages non identifiés en couple avec d'autres élèves et ils mettent un crane d'homme dans le lequel deux traits se croisent comme sur le voile des pirates pour dire non à la prostitution en milieu scolaire et prôner les relations sexuelles après le mariage.

À la suite de ça, le comité organise une scène théâtrale pour transmettre un message très important à ce sujet. Parmi les professeurs ciblés, un se distingue à travers son surnom : Le réparateur de jeunes filles en panne. Le comité le rencontre en privé pour un entretien au cours duquel il nie mais trois élèves avec qui il a eu des relations sexuelles étaient présentent pour témoigner qu'ils se servaient des notes et moyennes pour abuser d'elle. Le dos au mur, il ne sait que dire. Voyant qu'il vit de son salaire d'enseignant, le comité le somme de ne plus continuer dans l'école ou en dehors de l'école avec ses élèves sinon il sera dénoncé auprès de l'administration. Il promet de laisser désormais les élèves tranquilles.

Le CPELE fait la même chose avec les autres enseignants. Progressivement, les choses commencent à changer et beaucoup d'élèves prennent conscience et se concentrer sur leurs études car plusieurs ce sont en sortie avec des MST (maladie sexuellement transmissible). D'autres sont tombées enceintes et ne pouvant pas aviser leurs parents, ont pris des pilules ou médicaments indigénats pour faire passer les grossesses...Celles qui ont accouché ont finalement envoyé les enfants au village et doivent chaque mois envoyer de l'argent pour que leurs parents prennent soins de ces derniers. Ce phénomène a mis fin aux études de plusieurs d'entre elle.

Le jour de la scène théâtrale, le comité s'arrange pour que les concernés occupent les premières places. Le thème est : Quelques raisons de l'échec en milieu scolaire. Tous sont concentrés. Les spectateurs sont les élèves, quelques professeurs et quelques membres de l'administration. La première raison évoquée est l'alcool...les scénaristes donnent les causes, conséquences et solutions. Tout le monde est concentré car tout est captivant et réussi.

La seconde raison est la prostitution. Ils détails tout : les relations entrent élève-élève et professeurs-élèves. Ils dévoilent les tontines des filles, les ruses des professeurs pour abuser des élèves : faux programme de cours de renforcement chez ses derniers, mensonges de bonnes moyennes et notes suivi de cadeaux à des fins malséantes. Puis sorte le surnom : réparateur de jeunes filles en panne. Toute la salle est dans l'hilarité. Ensuite parle des aux éducateurs en habits de conseiller qui détruise l'avenir des élèves avec des fausses promesses d'argent, mariage et bourses d'études. Vers la fin de la scène, il donne l'exemple d'une jeune fille qui s'est gardé de tous les rapports sexuels qui a fini ses études avec succès et c'est finalement marié avec son voisin qu'elle a tant aimé. Seulement ils se sont promis de se garder de tous rapports jusqu'au mariage lorsqu'ils étaient au collège.

Monique regarda Twenty et dit dans son cœur : « C'est notre destin à deux que tu viens de tracer.

La troisième raison est le tabagisme. Ils mettent en scène les conséquences désastreuses, les causes et solutions. Quand la scène prend fin, Twenty lance un appel pour voir ceux qui sont prêts à les accompagner dans cette lutte. Plusieurs lèvent leurs mains et se font enregistrer. Parmi eux se trouvent plus de la moitié des prostituées ciblées. En six mois l'administration à sentir un travail remarquable au niveau du comportement de tous les élèves car plusieurs ont pris conscience et ce sont mis au travail.

C'est bientôt, le calcul des moyennes du troisième trimestre, Willy est serein car il est convaincu d'être encore le meilleur comme dans les autres trimestres où il a eu 18 et 18.50 de moyenne.

Arrivé à un certain moment, il sort beaucoup de la maison au moins trois fois dans le courant de la semaine et sa tutrice commence à s'inquiéter.

En classe, le professeur principal vient donner les moyennes du troisième trimestre et annuelles. Willy a eu 18,75 au troisième trimestre et 18.50 annuellement. Il est le premier de sa classe et de toutes les classes de la seconde de l'établissement.

À la maison Catherine, l'appelle de côté pour connaitre la véritable raison de ses sorties répétées. Il lui explique qu'il aide un élève qui passe le BEPC. Contente, elle l'aiguillonne.

C'est l'examen du Brevet d'Etude du Premier Cycle. Après les oraux, Twenty est en face du centre assis auprès d'une vendeuse de fast-food qui est juste à côté d'un lieu de reprographie. Il est dépassé par ce qu'il est en train de voir. Les techniciennes de surface de l'établissement sortent, entrent chez le reprographe et sortent des feuilles qu'elles ont dissimulées sous leurs seins, dans leurs dessous... elles font plusieurs photocopies. En réalité, ce sont les corrections des épreuves. Elles retournent dans l'établissement sans être inquiétées. Juste à 15 mètres devant le portail, des surveillants subtils viennent voir les parents qui ont accompagné leurs enfants afin que ceux-ci paient la somme de 10.000 francs. C'est le seul moyen pour que vos enfants aient leur moyenne dans les matières. Disent ceux-ci. Rapidement, plusieurs donnent 20.000 francs, 15.000 francs, 13.000

francs...Une liste est dressée avec le nom de chaque enfant. Tout se fait dans une très grande discrétion. Willy se dit : Je comprends pourquoi les élèves sont si nuls car les parents qui sont censés les emmener à se donner à fond dans leurs études, se précipitent, paient pour leur succès.

Cette expérience le marqua jusqu'à ce qu'il rentre avec son élève. Ne t'adonne pas à la tricherie. J'ai été le meilleur parce que j'ai fait fi de la facilité. Lui dit-il. Je te rassure que les sujets n'étaient pas complexes par conséquent je me suis montré à la hauteur comme tu me l'as enseigné.

Le deuxième jour de l'examen, il est encore auprès de son élève. Une affiche attire l'attention de tous les candidats, parents et passants : les portables sont strictement interdits. Malgré cela, les élèves entrent avec leurs portables sans être inquiétés. Près de Willy se trouve un enseignant qui est contacté par des élèves et il donne les réponses. Soudain, il reçoit la photo du sujet afin de le traiter intégralement. 20 minutes après, il envoie le Message à 40 élèves sur place. Ecœuré, il s'adresse au monsieur qui est près de lui en ces termes : la vie nous réserve bien des surprises car nos enfants seront aussi nuls que le nullard qu'on aide à les rendre nul. Pourquoi dis-tu cela ! Lui dit le professeur. C'est votre attitude qui me pousse à le dire. A l'école il n'y a pas seulement que les meilleurs mais on y trouve les élèves de niveau moyens ou bas. Donc 9/20, 5/20 ... ne veut pas dire que c'est définitif. Il peut y avoir un grand changement si on commence à corriger ses lacunes. Il y a un dicton africain qui dit : Si tu veux aller vite, marche seul ; si tu veux aller loin, marchons ensemble. Il se lève et rentre avec son élève sous les regards du professeur tricheur.

J'espère que tout s'est bien passé. Dit Twenty. Oui répond son élève. Après le dernier jour de l'examen, ils font un tour au glacier pour changer un peu d'air. Marc est avec eux.

Ce sont les vacances, Willy regarde les chaines d'information et va sur la balançoire. Marc le trouve à la maison. Ensemble ils vont faire des cent pas avec Eldog. Ils sont surpris de voir Monique au jardin toute seule. Ils s'approchent et lui demande ce qu'elle fait là. Je prends un peu d'air. Dit-elle. Ils s'assoient auprès d'elle. Arrivé à un certain moment, Marc se dépêche d'aller uriner.

Après des minutes d'échange avec Twenty, elle constate qu'il est ouvert et jovial. Elle profite de l'occasion en lui disant qu'elle l'aime et qu'elle aimerait qu'il le sache. Cette fois-ci il lui parle en disant : si tu m'aimes vraiment attend que je finisse mes études. Donc tes sentiments sont-ils réciproques ? Dit-elle. Là, il se tait et ne dit plus un mot. A son retour, Marc constate que l'atmosphère est très glaciale surtout au niveau de Monique. Il essaie de mettre une ambiance avec une anecdote : vos lèvres ne se touchent pas quand vous dites toucher, mais elles se touchent quand vous dites séparer. Hélas elle est en larme. Willy se lève et rentre chez lui.

Après deux heures d'échangent, Marc lui fait savoir que Willy l'aime seulement qu'il ne voudrait pas s'autoriser à l'avouer maintenant. Ta beauté ferait tomber n'importe quel homme mais Twenty a un code et il le respecte comme la salutation du matin : bonjour ! On aurait même dit un ancien soldat japonais fidèle au Bushido. Laisse-moi faire. Je vais le bousculer et je te donnerai une réponse. Ces paroles la réconfortent et elle rentre à la maison.

Dans deux semaines, les résultats du BEPC seront donnés. Twenty attend impatiemment. Monsieur Dago est contacté par le père de Monique pour un diner chez lui avec surtout son fils Willy. Son confrère accepte l'invitation. Les deux hommes c'étaient à de nombreuses occasions rencontrées pour des affaires mais ne pensaient pas se revoir encore un jour. Dago, sa femme et Willy vont chez la famille Tom. À table, la servante sert tout le monde mais pas Willy. Monique s'en charge car son intention est de faire savoir à tous ses sentiments pour l'homme qui deviendra son mari dans l'avenir selon elle. Dago et Catherine sont saisis par la beauté de la jeune fille. Le père de Willy se trouve dans la voiture. Ayant fini de manger Dago et Tom vont dans le jardin causer entre homme puis Catherine et Jeannette vont de leur côté aussi. Là-bas, Tom explique que sa fille aime Willy au point qu'elle l'importune pour qu'il agisse. C'est pourquoi il a organisé ce petit diner convivial. Monique montre ses documents d'étude à Willy car elle sait que c'est ce qui le fait réagir. Il la félicite et les deux commencent à converser pendant plus de trente minutes au point où il se met à rire lorsqu'il voit ces mauvaises notes de sixième. Elle prend son téléphone et lui tire une photo…

Monsieur Dago demande la route puis à bord de leur voiture, lui et sa femme se regardent pendant plus de vingt-cinq seconde. Une fois dans leur demeure, les deux vont dans leur chambre et se mette à discuter de ce qui s'est produit chez les Tom. Le lendemain, Monique appelle Willy pour le saluer, se disant que ses parents lui avaient tout dire mais elle constate que rien n'avait été fait. Alors comme d'habitude ce sont des salutations puis les nouvelles de chacun. Seulement à la fin il la remercie pour ce qu'elle avait fait à la veille pour lui. D'une voix morte, elle lui dit au revoir. De son côté, il pense aux résultats de son élève.

Le lendemain, les résultats du BEPC sont donnés un élève a eu 300 points et c'est le meilleur de son centre avec la mention bien. Interviewer comme plusieurs élèves, il remercie son répétiteur qui a été à la base de ce changement radical à tous les niveaux au point où de 20è en classe avec 11,5 de moyenne au premier trimestre, il est passé au rang de premier avec 15 de moyenne au deuxième et au troisième trimestre. Vu ce progrès, le journaliste par curiosité demande le nom de son formateur afin de le féliciter et saluer son travail. Il répond : Konan Willy ! Le journaliste dit : veux-tu parler du meilleur élève national de l'année dernière ? Il répond par l'affirmatif. Alors, il salue et félicite Twenty...

Pendant le passage du journal télévisé à 20h les familles Tom et Dago sont devant leurs postes téléviseurs. Catherine appelle Willy et lui pose une question : Est-ce à cause de cet élève que tu sortais tous les 16h ? Il répond : Oui ! Contente, elle se lève, le prend dans ses bras et le barde de baisers. De l'autre côté Monique fait voir à ses parents que la seule chose qu'elle souhaite au monde, c'est de devenir la femme de Twenty. Son père et sa mère la félicite pour son choix.

Le surlendemain Kévine est invité chez les Dago pour un festin à son honneur. À table, il raconte un peu son histoire. Il est pauvre et vit dans les quartiers les plus pauvres. Son père est décédé quand il avait dix ans et c'est sa mère qui fait tout à la maison. En réalité, il ramasse les sachets et bouteilles en plastiques dans les poubelles ou dans la rue qu'il revend pour aider sa mère à s'occuper de la famille. C'est pourquoi, elle l'a inscrit dans un petit collège qui est au moins reconnu par l'Etat. Puis il explique que Willy est pour beaucoup dans leur vie. En plus de l'encadrer sans prendre de l'argent, il a cette habitude de leur donner de l'argent pour subvenir à leurs besoins quotidiens et primaires. Dago décide de leur venir en aide avant la fin de l'année. Les deux enfants vont dans la chambre de Willy et là-bas, ils passent un bon moment en regardant des dessins animés... Lorsqu'il est sur le point d'entrer Catherine lui remet une enveloppe de cent mille francs pour l'encourager à se battre et le félicite pour son bon résultat à l'examen.

Etant au salon avec Willy, Dago décide encore de le tester pour voir s'il pourra être un grand homme d'affaire comme lui. Il lui dit : j'ai créé ton compte bancaire et actuellement tu as deux millions là-dessus. Heureux, Twenty le remercie mais promet d'être le meilleur des meilleurs élèves. Son tuteur se dit en son cœur : je croyais qu'il lancerait une activité lucrative ou fera un investissement de sorte à générer des profits. Une idée lui vient en pensée. Papa je ne sais que faire avec une telle somme d'argent. Quel conseil peux-tu me donner ? Dago saute sur l'opportunité et lui fait savoir qu'il a la possibilité de permettre à sa banque de travailler avec son argent pour ensuite bénéficier des intérêts composés. Je suis partant. Dit Willy. Alors son tuteur décide de se charger de tout avec un large souris.

Ce cocktail de beurre a mis Willy dans une confiance absolue en sorte qu'il passe son temps à étudier. Le dilemme est qu'il est en train d'être élevé par des parents qui ont des visions inconciliables. D'une part le père biologique qui veut qu'il soit un haut cadre en passant des concours, d'autres part son tuteur qui veut qu'il soit pourvoyeur d'emplois et jamais un employé.

Les cours de vacances reprennent, Willy va s'inscrire alors qu'il a déjà une avance sur le niveau. Là encore Monique est présente et les deux sont condisciples. Ils commencent à étudier ensemble chez les Dago comme chez les Tom. Ils sont plus proches que jamais. Pour être irréprochable en vue de rassurer son père, il ajoute Marc à leur petit groupe d'étude. Sur place, elle demande à Marc de lui accorder un petit temps avec Twenty. Il se lève et s'avance vers les arbres. Jusqu'à présent tu ne m'as encore rien dit au sujet de tes sentiments à mon endroit. Dit-elle. Je te répondrai plus tard mais là je suis en train de me concentrer sur un devoir puis il la regarde avec un visage épris de colère. Elle ne dit absolument rien et reste très calme jusqu'à ce qu'ils rentrent tous.

À la maison ses parents n'ont pas eu les mots pour la consoler. Chez les Dago, Willy explique tout à sa tutrice et se confie à elle en lui disant qu'il est le responsable du CPELE (Comité pour la Protection des Elèves du Lycée d'Excellence). Il sait depuis fort longtemps les sentiments de Monique pour lui et il éprouve la même chose. Mais il fait semblant de ne rien ressentir pour garder les valeurs que son père lui a enseigné. Ainsi si elle peut patienter jusqu'à ce qu'il finisse ses études, c'est sûr qu'il l'épousera. À elle d'être vraiment fidèle et patiente. Dès qu'il prend l'escalier pour aller en chambre, le portable de sa tutrice sonne c'est la mère de

Monique qui n'arrive pas à consoler son bébé. Après deux minutes d'échanges, Catherine décide de parler à Monique. Au téléphone, elle lui dit de ne pas s'inquiéter car il éprouve la même chose, seulement il veut finir ses études d'abord. Toutefois, elle lui demande de ne rien lui dire. C'est la joie! Monique serre sa mère dans ses bras et pleure de joie. Le problème est réglé.

En classe, elle fait semblant et agit comme si rien ne s'était passé à la veille. Willy cependant constate qu'elle a très bonne mine. Il ne s'imaginait pas un instant que sa tutrice avait dévoilé son secret. Les résultats des cours de vacances sont donnés, il est premier avec 18 de moyenne, elle occupe le second rang avec 16 de moyenne et le troisième est leur ami Marc avec 15,5 de moyenne. Les parents sont fiers de leurs enfants qui ont très bien travaillé à l'école.

À la maison, Tom encourage sa fille de s'attacher à lui car il est convaincu qu'avec lui, elle sera meilleure. Twenty décide d'avoir un entretien très important avec son père (Monsieur Dago). Il lui dit qu'il est fixé sur son objectif car il désire être un professeur à l'université pour venir en aide aux enfants et jeunes qui trouvent l'école difficile mais pour y arriver il doit dans l'avenir bâtir une grande école où pauvre et riche pourront en toute tranquillité s'instruire en ayant les mêmes possibilités de réussite. Pas trop fier, son tuteur accepte de l'aider mais croit toujours qu'il sera un grand homme d'affaire. Dès qu'il informe sa tutrice, celle-ci contente se rappelle d'un vieux bâtiment qui n'a pas été réhabilité depuis une décennie. Avec sa femme, Dago décide de se focaliser là-dessus après son examen du bac.

C'est la rentrée, Willy va en cours et cherche à atteindre son objectif c'est-à-dire être le meilleur des meilleurs. Des semaines sont passées, les cours ont débuté. Monique est toujours sa voisine. Les deux ont de très bonnes relations d'élèves. Le même groupe du CPELE de l'an dernier est reconduit par l'administration car il est bien vu et apprécié de tous. Les élèves viennent en secret se confier en expliquant leurs difficultés, leurs dépendances à l'alcool, leurs désobéissances à leurs parents...en sorte que le taux d'élèves enceintes à chuter, le taux d'harcèlement à baisser, le taux d'ivrogne et fumeur à diminuer... La majorité des élèves cherchent à être des exemples...

Une chose a marqué les élèves de la premières C1. En réalité, un concours inter-école avait eu lieu : Le génie en herbe.

Dans le lycée de l'excellence cinq élèves (trois garçons et deux filles) avaient été choisis. Willy et Monique en faisaient partie. Au tableau d'affichage, l'information est postée et tous les élèves sont d'avis avec l'administration pour le choix des représentants surtout Twenty. Déjà plusieurs élèves étaient sûrs qu'ils gagneraient la compétition à cause du capitaine. Dans la salle des professeurs, tous en parlent. Tous sont convaincus qu'ils reviendront avec le trophée.

Un nouvel enseignant dans l'établissement est surpris de la conviction de ses collègues. Il pose une question : Qu'est-ce qui vous fait dire qu'on va forcément gagner ? Un répond : on a avec nous la perle rare. Qui est-ce ? Un autre enseignant lui dit d'aller aux différentes confrontations et qu'il comprendra. Il répond en disant : les élèves qu'on a aujourd'hui ne peuvent même pas faire une phrase sans faire une faute. Ses collègues ne disent plus rien. Alors qu'il sort de la salle des professeurs, il voit un éducateur qui affiche la première confrontation de leur établissement contre un autre. Il soliloque : décidément tous s'y mettent, même l'administration.

L'administration s'est mise devant afin de montrer ce qu'est un élève exemplaire et veille à ce que toute l'école ne puisse rien rater. Dans les coulisses, le proviseur entre en contact avec le maire afin que la finale à défaut d'être transmise à la télé soit diffusée à la radio… Puis il appelle Monsieur Kra, un professeur de Mathématiques afin qu'il crée une page sur les réseaux sociaux et que toutes les activités intra-scolaires et extra-scolaires soient mises en ligne.

La première confrontation est prévue pour le samedi à partir de 14h dans un grand collège de la ville. Monsieur Kra le coach rassemble les membres de son équipe et les tests avant le jour pour voir le niveau. À sa grande surprise, ils avaient plus que le niveau souhaité. Selon ses propres propos à ses collègues : on aurait dit des professeurs qui s'apprêtent à corriger les feuilles de leurs élèves. Ils ont de la mémoire à revendre…

Le jour tant a attendu est arrivé tous sont au lieu indiqué, l'équipe adverse avait au moins une vingtaine de personnes plus le coach. Quant au Lycée d'excellence, en plus de trois représentants de l'administration, il y a sept professeurs et une centaine d'élèves. Les organisateurs du concours n'avaient jamais vu cela depuis qu'ils ont organisés le génie en herbe.

Après l'installation des compétiteurs, un bref discours de bienvenu est donné par le président du concours. Puis le modérateur explique un peu. D'abord une question est posée au premier membre d'un groupe. Si la réponse est correcte on continue mais dès qu'il y a une erreur on passe à l'équipe adverse et la phase s'arrête pour le groupe sélectionné. Si les deux premiers ne trouvent pas les réponses on passe aux membres suivants...Après cette phase, c'est la culture générale, tout le monde intervient en levant la main. Le premier à lever la main sera interrogé. Enfin dans la dernière phase un membre est choisi par chaque équipe et les deux vont s'affronter individuellement sans le secours des autres membres. Nous commençons dans deux minutes. Rapidement, la première règle, pousse Twenty à se mettre à la première place alors qu'il était au milieu.

Au niveau des supporteurs de l'équipe A, plusieurs lèvent leurs mains en guise de salutations, d'autres font un petit sourire... Le jeu commence. Le groupe A est le Lycée d'excellence et le groupe B, c'est l'équipe adverse. La première question est à Twenty, il donne une réponse correcte. Le second donne une bonne réponse et pour finir toute l'équipe donne de bonnes réponses avec un total de 25 points. Quant à l'équipe adverse, le premier s'en sort mais le second donne une réponse incorrecte. Le score est de 25 pour le groupe A et 5 pour le groupe B. À la deuxième phase, Twenty révèle qu'il est une réelle machine de connaissance. C'était comme s'il ne réfléchissait pas, il trouve toutes les dix questions et son équipe s'en sort avec 50 points. L'équipe adverse n'a rien vu venir. La deuxième phase est un succès majestueux pour l'équipe de Twenty. L'équipe A 50 et l'équipe B 0. Du côté des supporteurs c'est la grande joie et de l'autre côté un profond deuil. Pour la troisième phase, l'équipe adverse n'arrivait pas à se décider sur la personne qui va les représenter. Pour finir leur coach désigne le meilleur d'entre eux. Le capitaine Twenty mène la danse de l'autre côté. Ils ont droit chacun à cinq questions. C'est l'équipe B qui commence. Le modérateur pose la question et il se trompe. Au tour de Twenty, il donne une réponse juste. La parole est encore donnée à l'équipe B, là, il trouve. Finalement Twenty à donner des réponses correctes et celui du groupe B n'a donné qu'une seule bonne réponse. Le modérateur ramenait les questions de l'équipe B à Twenty pour voir s'il pouvait donner des réponses correctes en dehors des questions qui lui sont posées. Ils donnaient des réponses justes. Le groupe A triomphe avec 100/100 et le groupe B perd avec 10/100 statue le porte-parole des membres du jury. Le modérateur s'exclame : quel match, la deuxième confrontation aura lieu dans deux jours et elle sera exceptionnel !

Le professeur qui se posait des questions sur le réel motif de l'assurance de l'établissement, compris que c'était à cause de Willy. Il approche Willy Lui-même, le salue, le félicite et félicite toute l'équipe. À l'école, c'est la joie, tous les élèves sont fiers de leur victoire avec un score rassurant. Le CPELE se sert de la victoire pour sensibiliser les autres élèves en diffusant le vendredi soir après les cours la confrontation dans la salle polyvalente. Plus de 400 élèves sont présents pour assister. Dès que la vidéo est finie Twenty prend la parole et donne des conseils. Tous le connaissent car sa photo trône sur le tableau d'affichage comme étant le meilleur élève que le lycée n'a jamais connu. Plusieurs sortent des carnets de note pour écrire ses conseils, d'autres enregistrent avec leurs téléphones. Certains de leurs places crient : Merci Twenty, merci au CPELE...

En sortant plusieurs viennent s'inscrire auprès du CPELE pour être des élèves exemplaires. À la fin du recensement, ils ont eu des centaines d'élèves. Lorsqu'ils mettent tous les noms dans l'ordinateur, ils se retrouvent avec 800 élèves ; de la sixième à la terminale.

Ils établissent un programme en fonction d'un certain nombre d'activités mais avant ils font des fiches sur lesquels figurent les activités. Ce sont : Nettoyage de l'école, groupe d'étude, Exercices mis au tableau en fonction des niveaux et corriger par le CPELE, soutien communautaire pour aider les élèves démunis (sacs, cahiers, chaussures...), sport tous les samedis 15h-18h (facultatifs).

Après avoir distribué les prospectus, ils se mettent à la sortie de l'établissement à 12h et à 17 :30h et recueillent les avis des autres élèves. Sur 100% plus de 70% d'élèves sont favorables. C'est une joie au niveau du CPELE. Toutes ces activités se font sans entraves et tout avance très bien au niveau du Lycée d'Excellence.

Les résultats au premier trimestre sont très bien, l'école a fait entre 80% ou 100% d'admis au niveau de chaque classe. C'est une première, le CPELE est félicité par l'administration.

Le journal de l'école sort après le premier trimestre, plusieurs exemplaires sont distribués à l'administration, aux professeurs, élèves et aux restauratrices. Le journal a fait un big-bang au sein de l'école car toute l'actualité du lycée était à l'intérieur. Certains parents d'élèves contactent l'administration pour le changement, le travail et la progression de leurs enfants etc.

Le deuxième duel du génie en herbe pour le Lycée d'excellence à lieu, Willy et son équipe gagne encore. Ils accumulent les victoires jusqu'à la demi-finale. Là c'était tendu car l'adversaire avait de redoutables joueurs mais Twenty se donna seulement à soixante pourcents comme il a dit à ses amis. Ils sortent gagnant avec un total de 90/100 contre 65/100. Ils se préparent pour la finale.

Entre temps en classe, ils demeurent les meilleurs, ils sont très rigoureux dans leurs études en sorte qu'ils peuvent passer des nuits blanches dans la semaine sans que quelqu'un le sache. C'est une technique payante de Twenty. Ce qui plait un peu à tous les membres du CPELE et tous les 50 autres élèves ajoutés au bureau, c'est qu'il y a toujours un temps pour jouer. Quand il s'agit d'étudier à la rentrée durant les 9 mois, on étudie à 80% et on joue à 20% mais quand nous sommes en vacances on joue à 60% et on étudie à 40%. Souvent ils jouent au football, ils se retrouvent pour passer des moments ensemble...tout en s'éloignant des vices de l'élèves : accro au jeu, la tricherie, l'école buissonnière, la mauvaise compagnie...

Dans le journal télévisé, il est question d'un virus qui a été découvert par les scientifiques et serait très dangereux pour les humains ...toutefois des mesures ont été prises pour le freiner. Personne ne prête vraiment attention à cela, tout le monde vaque à ses occupations...Twenty étudie aussi dans le secret pour dépasser même le modérateur, il suit des jeux similaires à la télévision.

C'est la finale, les deux écoles sont présentes. Les équipes s'installent, l'adjointe au maire est là, la Radio de la commune et la Télévision du pays sont en premières lignes. Le maire a tout mis en œuvre. La Salle est surchargée, toutes les places sont occupées à cause des élèves. Tous voulaient voir Twenty et Kévine en action car ils ont un brillant parcours dans ce jeu. Ils étaient très forts. Personne ne voilait se faire raconter l'évènement. Une minorité savait que c'était un affrontement entre élève et le maître. Quinze personnels administratifs de la commune sont présents. Du côté des administrations et professeurs des écoles on compte plus de soixante personnes. Quant aux élèves, ils sont plus de cinq cent. L'espace occupé peut contenir plus de quatre cent personnes. Pour finir plusieurs élèves s'arrêtaient. L'adjointe au maire fait un bref discours en vue d'encourager les élèves à se donner à fond, à privilégier l'école et à être les meilleurs… puis elle encourage les protagonistes en leur disant : faite de l'école du miel dans la bouche d'un adolescent.

Le modérateur reprend la parole, présente les deux équipes. Le groupe A est le lycée municipal d'Adébème reconnue pour ses très bons résultats aux examens et le groupe B : le Lycée d'excellence. C'est le groupe A qui commence. Ils trouvent toutes les cinq questions. Pareil pour le groupe B. Quant à la deuxième phase Twenty se démarque en répondant seul à toutes les cinq premières questions car il était le plus rapide. Kévine lui fait signe afin qu'il les laisse donner de bonnes réponses afin que le jeu dure un peu. Twenty compris et à partir de la sixième question, il ne leva pas la main. Dago est devant son écran, il claque son stylo sur la table en disant : Que fait Willy, ils sont en train de les rattraper. Tom aussi crie non !non !non !non !!!!!! Richard est très attentif et attend la fin. Finalement ils sont à égalité : 50 points chacun. À la dernière phase, ils sont deux pour le face à face. Tous deux donnent des réponses correctes à toutes les questions. Ils terminent sur le même pied.

Le modérateur s'exprime en disant que les organisateurs c'étaient préparés à cette éventualité. Toutefois, fini les enfantillages et places aux vraies questions. Ils reprennent mais cette fois avec des questions difficiles. Les participants boivent un peu d'eau. Un calme absolu règne dans la salle. La question est posée, Kévine essaie mais ne la trouve pas. Willy lève la main et répond en disant c'est la Marche Nuptiale de Jakob Ludwig Felix Mendelssohn Bartholdy. Le modérateur confirme la réponse en soutenant que ce genre musical utilisé pour accompagner l'entrée dans et/ou la sortie de l'église (ou autre lieu où se déroule la cérémonie), lors des mariages en Occident. On aurait dit un match de football, les supporteurs sont dans une forte joie. Sa tutrice rire et dit à Jeanne : ils sont de très bons amis, Willy est son professeur. Jeanne se met à rire. La seconde question : Quelle est la planète la plus proche du soleil ? Mercure dit Willy. Réponse correcte dit le modérateur. La troisième question : En quelle année l'israélien Rabin et le Palestinien Arafat signe sous l'égide des Etats-Unis les accords qui prévoient un régime d'autonomie pour les territoires occupés ? Nommez ces accords. L'équipe A se trompe mais l'équipe adverse stipule que ce sont les accords de Washington et ils ont été signés en 1993 en présence du président américain Bill Clinton. Réponse correcte. La salle est en ébullition. Même les élèves de l'autre lycée soutiennent Twenty. Donnez des noms de trois hommes noirs qui ont reçu le prix Nobel de la paix. Nelson Mandela répond Kévine et il se bloque… Willy donne ses réponses : Albert Lutuli 1960, Barack Obama 2009 et Wangari Muta Maathai 2004. Et c'est la bonne réponse. Derrière les élèves crient Twenty, Twenty, Twenty car c'est ainsi qu'il est appelé. Nous partons pour la dernière question. Qui donna cette citation lors de la seconde guerre mondiale : "Ce n'est pas la fin. Ce n'est même pas le commencement de la fin. Mais, c'est peut-être la fin du commencement. » Propositions : Adolph Hitler, Franklin Roosevelt ou Staline. Twenty estime qu'aucune des propositions n'est correcte. Le modérateur insiste que l'une de ses réponses est correcte. Kévine dit : Franklin Roosevelt. Mauvaise réponse lui dit l'arbitre du jeu. Peux-tu nous donner des raisons jeune Konan. Je crois qu'au début de la deuxième guerre, les Etats-Unis prônaient l'isolationnisme mais quand ils se sont rendu compte de la menace allemande à court et long terme, ils sont entrés dans la guerre auprès de leurs alliés. La grande Bretagne ayant essuyé des défaites c'est renforcé avec l'entrée de son allié les USA c'est ainsi que Winston Churchill le premier ministre britannique de ce temps a donné cette citation. Réponse juste. Tous s'élèvent dans la salle pour l'ovationner car il a été très sensationnel. La victoire revient à l'équipe B ; le lycée d'Excellence sort victorieux de ce grand challenge.

Dago saute et fait des pas de danse dans son bureau. Sa femme et Jeanne pleuraient de joie. Les quatre membres de l'équipe lui font des accolades. Monique freine un peu de peur qu'il le prenne en mal et tend sa main mais il la prend dans ses bras et elle fait de même. C'est la joie. Tom et sa femme se regarde avec la bouche ouverte, pareil chez Dago et Richard… Catherine raconte tout à Jeanne en sorte qu'elle revient de ce qu'elle appelait rêve. Son fils faire des accolades éclairs à une fille de la sorte…

Le modérateur invite les spectateurs à faire motus. Il informe l'auditoire que Willy aura 5 questions et s'il répond correctement, il aura un montant personnel de de 350.000 francs. En réalité, c'est l'adjointe au maire qui dépassé par la connaissance de l'élève, veut le tester avec des questions plus difficiles. Il accepte. Finalement tous le supportent peu importe l'administration ou les élèves, même tous les invités d'honneur sont derrière lui. Sur le net, ils sont en direct à partir de la page de leur école. Tous ceux qui suivent la vidéo en direct dépassent 3000 personnes et le nombre continue de s'accroitre. Plusieurs commentaires sont donnés dans le but de soutenir Willy. L'administrateur de la page voit : Tu es fort, tu es un chef, Tu as une bonne mémoire, un futur pilier de l'Afrique disent certains et d'autres en plus de connaitre papier, il est beau gosse...Première question : Qu'est-ce que le Gange et dans quel pays le trouve-t-on ? Il répond : le Gange ou encore ganga est le plus sacré des fleuves sacrées et l'épicentre de l'hindouiste. Il se trouve en Inde. -Es-tu sur ? -Très sûr. Et c'est la bonne réponse. La foule crie : Woooooo !!!! Oyé,oyé,oyé... Deuxième question, la salle est comme une ville morte: Je suis une très grande marque qui a débuté par la fabrication de chaussures importées en sorte que j'ai concurrencé les deux plus importantes marques au monde jusqu'à ce que je devienne l'une des marques les plus portée au monde. Mais je dois mon plus grand succès à un grand sportif. Qui suis-je ? Nike et le sportif est Michael Jordan un basketteur américain très célèbre de la NBA, il portait le numéro 23. Grâce à lui, Nike a pu vendre un million de R Jordan en quelques mois. La paire était à 100 dollars. Petit tu es terrible lui dit le modérateur, ta réponse est juste. Maintenant la foule acclame trois fois à deux reprises et crie: Twenty, Twenty, Twenty...Question : Je suis un éminent philosophe, philologue, poète né le 15 octobre 1844 ... J'ai écrit plusieurs œuvres dont le Gai savoir et même Par-delà le bien et le mal. Qui suis-je ? Il réfléchit un peu puis dit Friedrich Wilhelm Nietzsche. Ayayaille, ce n'est pas chaque jour qu'on trouve mais tu viens encore de donner une (silence d'environ 5 secondes) bonne réponse. Le modérateur lui donne sa propre bouteille d'eau qu'il n'a pas encore touché afin qu'il s'étanche un peu car il est plus qu'épaté. Il prend une gorgée d'eau. Question numéro 4 : Je suis noir et un grand militant des droits de l'homme. Pour la justice je fus emprisonné pendant 27 ans. J'ai été élu au pouvoir par le peuple et j'ai eu le prix Nobel de la paix. Qui suis-je ? Willy marque un silence, boit un peu d'eau, regarde son équipe et voit Jacob assis derrière qui lève son pouce droit et ses deux mamans qui le salue avec des larmes aux yeux. Il dit : Madiba c'est-à- dire Nelson Mandela. Et c'est correct...ils se lèvent tous dans la salle et applaudissent pendant une minute... Décidément, tu as fait un excellent parcours mais la dernière question va être et elle pourrait te mettre chaos. Question numéro 5 : Je suis un être vivant possédant en mon sein quelque chose qui fit que j'étais pourchassé et tué. Cette chose était utilisée pour la fabrication des peintures, de vernis, de la laine, dans le graissage des cuirs, l'imperméabilisation des bois, la lubrification des armes et des outils, et l'éclairage public. Qui suis-je ? Dans la foule plusieurs avaient leur bouche ouverte à cause de la difficulté de la question. D'autres se disaient, il va échouer car rien ne permet de savoir ce que c'est. Marc dit : Le lys de la vallée va pousser même si l'environnement est hostile. Twenty réfléchit un peu et dit l'huile de la baleine. Quelles baleines puisqu'il y a plusieurs types de baleine. La baleine de Biscaye et le cachalot .Répond-t-il. Et c'est encore et encore correct dit le modérateur. Tous sont dans la joie. Plusieurs sautent, crient son surnom et le Dj met un peu de musique tous dansent...

Le calme revient sur l'ordre du modérateur. Le proviseur du lycée d'Excellence est fier de sa perle rare. Le modérateur félicite l'équipe gagnante et avant de leur remettre le trophée, il fait un tour sur le parcours de Twenty cet élève exemplaire. Selon les renseignements cet enfant depuis le premier cycle a toujours eu plus 18 ou plus de 18 de moyenne jusqu'au second cycle. Il a eu le surnom de Twenty car il lui était difficile de ne pas avoir 20/20 durant un devoir même en troisième il a été le meilleur élève du premier cycle et celui qui a eu le plus de points sur le plan national. Dans son établissement, il est l'ambassadeur des élève, le responsable du CPELE (Comité pour la Protection des Elèves du Lycée d'Excellence) qui abat un très grand travail en sorte que dans l'établissement le taux de réussite aux examens dépasse les 99% et le taux de réussite annuel de toutes les classes est de 95% ou plus pour un total de plus 5000 élèves. Les membres du jury n'ont pas eu besoin de délibérer car tous connaissent le vainqueur.

L'adjointe au maire délivre un message important aux élèves en ces termes : Dans la vie, il est difficile de se trouver un chemin mais une fois qu'on le trouve, on se donne à fond pour être le meilleur. Je veux dire que si tu es mécanicien, tu te donnes à fond, si tu es un élève, tu te donnes aussi à fond. Peu importe ce que vous choisirai faites de votre mieux pour être les meilleurs comme Twenty l'élève le plus exemplaire que notre pays ait connut...battez-vous, débarrassez-vous de vos lacunes, plantez votre succès scolaire comme le grain qu'on met dans le sol qui deviendra plus tard un arbre et entretenez-le chaque jour, faites place aux actions qui parlent et donnent sens à votre vie quotidienne car c'est en travaillant intelligemment chaque jour qu'on bâtit progressivement son avenir. Pour réussir à l'école sert toi de ta tête et non de ta force...

Puis elle prend des photos avec l'équipe gagnante ; spécialement avec Twenty sans oublier l'autre équipe et les organisateurs. Kévine court vers lui et saute dans ses bras. Les deux se font des accolades et se félicitent. Contre toute attente il fait un geste de prosternation et dit : « tu es un chef »... Le jeu de génie en Herbe eu une très grande audience sur internet comme dans la commune et auprès des autres établissements.

Dans son bureau Monsieur Dago crie de joie et tape Richard à l'épaule en lui disant : mon petit-fils me fait honneur. Il sourire de son côté. Après ces merveilleux instants Willy rejoint sa tutrice et sa mère. Jeanne le serre dans ses bras et Catherine le remplit de baisers. Sa petite sœur qui est auprès d'eux saute dans les bras de son Frère et il la serre en lui disant tu prendras la relève un jour. Plusieurs élèves, directeurs et enseignants l'approchent pour le saluer et prennent des photos avec lui. Des influenceurs sont sur place, l'interview et font de courtes vidéos avec lui…

À la maison ce sont encore des félicitations. Dans le journal télévisé, le concours fait la une de l'actualité. Une séquence de toute la vidéo passe, tous sont présentés y compris Willy qui répond aux questions les plus complexes avec aisance. Grâce à eux la télévision nationale à décider d'organiser chaque année le concours de génie en herbe afin de mettre en valeur les talents cachés des élèves.

Le lendemain, toute l'équipe est invitée pour un festin chez les Dago. Plusieurs autres élèves le sont aussi surtout ceux du CPELE. Durant le festin, la musique est mise et tous sont surpris de ce que Monsieur Dago danse très bien parce que d'habitude il faisait semblant afin que sa femme ne remarque rien. Richard dit en son cœur : Comment quelqu'un qui est toujours dans les boites de nuit ne saurait-il pas danser ? Ils applaudissent et après il va s'assoir. Catherine est dépassée par ce que son mari vient de faire. Après la réception, chacun rentre à la maison. Willy, Marc, Kévine et Monique vont au glacier. Une fois sur les lieux des enfants auprès de leurs parents indexent Twenty. Se sentant gêné, il baisse la tête afin de passer inaperçu mais ils s'approchent de près pour des photos. Il accepte. Marc dit : C'est normal, le brille toujours. Un homme se charge de payer leurs glaces pour les encourager à toujours motiver la jeunesse.

À l'école, l'administration décide de remettre en présence du coach tous les cadeaux à l'équiper gagnante sauf le trophée qu'elle décide de mettre dans la salle polyvalente pour les collections de récompense de l'école aux différentes compétitions. Le nom de chaque membre est écrit sur une pierre en bonze à côté avec Twenty en grand caractère pour dire qu'il a été un grand leader. L'équipe totalise plus de 500.000 francs en espèce et plusieurs livres (dictionnaire, document de grammaire, de culture générale…), tablettes et un ordinateur. Twenty ajoute ses 350.000 francs car selon lui c'est ensemble qu'ils ont eu cette somme d'argent. Au total 850.000 francs à leur disposition. Le professeur, leur dit que c'est leur argent, il n'a fait que les coacher. Il lui remette 100.000 francs et le remercie pour tout ce qu'il a fait. De leur côté chacun prend une tablette plus 50.000 francs. Le reste va du côté du CPELE afin de mieux se structurer.

Des jours plus tard, le comité organise un festin à l'école au cours duquel, la vidéo du concours du génie en herbe est projetée. C'était difficile à cause du nombre des présents. Des gâteaux accompagnés des jus bien glacés et des sucreries sont partagés. Le coach est présent et il délivre un message important. Après vient l'équipe pour véhiculer un message dans le cadre de privilégier les études. À la fin des interventions, Willy dit : Nous sommes tous intelligents car nous avons chacun un cerveau seulement c'est la façon dont chacun à de s'en servir qui fait la différence. Si tu focalises ton cerveau sur le jeu alors il te programmera pour le jeu. Si tu le focalises sur l'alcool, la prostitution, la tricherie, la cigarette, le vol, l'impolitesse…Il te programmera pour ces choses mais si tu le polarises sur ton succès peu importe le domaine, tu réussiras. L'école n'est pas difficile, ce n'est pas la richesse qui fait des forts à l'école. Tu peux être pauvre et être intelligent voire le meilleur comme tu peux être riche et être nul mais là c'est la prise de conscience qui fait la différence. Si vous commencer à travailler dur, il y aura de l'espoir mais si vous ne le faites pas, rien ne sera possible. Peu importe ce que vous cherchez vous le trouverez et donc si vous voulez être les meilleurs à l'école ou dans la vie vous devez changer votre façon d'étudier, votre attention, votre physiologie, modérer vos moments de jeu…Si vous dites que l'école est difficile à chaque fois ou que telle matière est difficile votre cerveau le retient et à chaque fois vous abandonnez. Mais si vous dites que vous pouvez le faire, vous pouvez comprendre ; votre cerveau commence à l'enregistrer. Une chose est sûre ; si vous entreprenez beaucoup d'action dans le sens des études vous aurez beaucoup de bons résultats. Du coup vous êtes polyvalent, vous travailler dans plusieurs matières voire toutes les matières. Tu auras finalement un très bon résultat. Mais si vous entreprenez très peu d'efforts ou d'actions vous travaillerez dans quelques matières. Peut-être deux ou trois et à la fin le résultat est négatif. Là vous vous dites l'école est difficile, je suis nul, le professeur enseigne mal…Donc mettons-nous au travail à partir d'aujourd'hui. Puis il pose une question : Quels sont ceux qui ont été aidés par le

CPELE et qui ont constaté une grande progression ? Plusieurs lèvent leurs mains. Puis il pose une autre : qui voudrait dorénavant fait partir du CPELE ? Toute la salle lève la main. Le coach approche Twenty pour l'encourager dans cette voie et le rassure qu'il sera un grand leader demain.

Désormais, le CPELE à plus de 2000 membres actifs et chaque membre a pour rôle de convertir ceux qui ne sont pas encore membre. On aurait dit une religion dans son extension. Un détail important, plusieurs élèves avaient changé d'établissement pour intégrer le Lycée d'Excellence en demandant l'affectation ou en payants en changeants de statuts d'affectés à non affectés. Les autres ont été gagnés, tous les élèves sont membres du comité. Le second journal sort, toute l'actualité de l'école est à la portée des élèves. Ils sont fiers du CPELE et s'arrangent pour avoir un exemplaire de l'article. Plus de 2500 journaux sont distribués. L'administration reçoit des coups de fil des parents très satisfaits du résultat de leurs enfants et décident de faire des dons au CPELE. Il précise que cet enfant brillant dont ils voient la photo dans le journal qui a une influence très positive sur leurs enfants est l'élément déclencheur de ce qu'ils voient chez leurs enfants. Rapidement le proviseur communique le numéro mobile money de Twenty pour tout don en argent. Puis il rentre en contact avec lui pour le prévenir qu'il recevra des dons de parents d'élèves par transfert d'argent.

Mais c'était une erreur car tous les parents qui avaient sont numéros l'appellent, le salue, le remercie pour son grand travail et lui envoie de l'argent. Catherine constate que le portable de son fils sonne soit à cause de message soit d'appels. Il décroche mais ça ne finit pas alors elle lui demande : Qui t'appelle de la sorte ? Après sa réponse, elle comprend que son fils est devenu le centre de la réussite de plusieurs élèves dont les parents ne veulent en aucun cas rester indifférents.

La télévision a pris rendez-vous avec Twenty pour une interview de dix minutes en direct. Il se prépare pour honorer le rendez-vous. Deux jours après, Dago et sa femme sortent le grand jeu. C'est une famille tirée aux cinq épingles qui sort. Deux voitures de luxe sont en route pour l'occasion. Monique, Marc et Kévine font eux aussi partir du cortège tous sont très bien habillés. Tout le monde est en veste. Leur arrivée étonne les agents de sécurité qui voient des personnes qui donne envie de se battre pour réussir. Rapidement, ils identifient l'élève exemplaire tant attendu et dont tout le monde parle…Lui et ses parents sont sur les plateaux.

C'est le week-end, Willy sort pour rejoindre ses amis afin de se divertir. Monique, Kévine et Marc sont présents. Marc raconte une histoire dont il a été témoin. Une jeune fille d'environ une vingtaine d'année était très mal habillée. Sa robe transparente plaquait son corps au point où ses sous-vêtements étaient visibles. Ses seins, fesses étaient énormes et elle était belle. Moi-même j'ai vu un flash lorsqu'elle est passée devant moi. Seulement à cinquante mettre de moi, il y avait deux jeunes qui ont bondi sur elle pour la voler et abuser d'elle. Je l'ai entendu crier pendant deux secondes puis plus de cri. J'ai eu peur de m'approcher car il était 22h et moi j'étais sorti pour acheter la boite de lait de ma sœurette qui était finie. Tournoyant sur moi avec des questions qui hantaient ma pensée : dois-je aller la sauver ou rentrer à la maison ? Soudain, je vis un jeune qui était bien bâti qui passait et dès que je lui ai tout expliqué, il courut vers ces derniers et pendant des minutes j'entendais des coups violents puis je vis les deux criminels fuient. Alors il la souleva mais c'était trop tard car ils…vous voyez ce que je veux dire. Ensemble, nous l'avons aidé à se nettoyer puis nous l'avons consolée avant de la raccompagner chez elle. Elle était à un kilomètre de ma maison. En fait, elle était nouvelle dans le quartier.

Contre toute attente, cela donna une idée à Twenty : Insister sur les vêtements des filles à l'école. Rapidement, il fait lever Monique puis s'approche d'elle et montre où la jupe de l'école doit arriver. Les autres sont unanimes sur le niveau des mollets mais il propose après les mollets là quand elles s'asseyent la jupe dépasse à peine les mollets. Ils sont d'accord avec sa proposition et décident ensemble de faire coudre 5 tenues de l'école pour les filles avec différents modèles. L'argent sera pris dans la caisse du comité. Mais comment les informer ? Dit Kévine. On fera une scène théâtrale expliquant un peu l'histoire que Marc vient de raconter puis…

Le comité placarde au tableau l'annonce de la scène théâtrale dans dix jours. Il choisit les acteurs en tenant compte des éléments de l'histoire. C'est en terminal qu'il arrive à les avoir mais Marc jouera son rôle. Sept jours après les tenues sont prêtes. Cinq jeunes filles du comité les portent puis se présentent devant les autres membres qui sont au nombre de huit. Ils applaudissent car elles étaient très bien habillées. Marc en taquinant Twenty dit : « Monique est splendide dans sa robe ». N'est-ce pas ! On aurait dit ça. Répond le responsable.

Le grand jour est enfin arrivé, la salle est bondée d'élèves avec des professeurs aussi. Dix minutes sont déjà passées, les acteurs impressionnent le public, ils avaient pris la peine de le répéter dans le secret. Marc met le paquet, mais Willy voit une jeune fille qui met son sac sur sa cuisse pour les cacher, une autre prend le foulard de sa camarade et couvre la partie inferieur de son corps. Plusieurs sont en train de se boutonner. La scène a plus d'effets...

A la fin tous applaudissent les acteurs. Willy demande à Monique d'aller enfiler le modèle de la nouvelle tenue puis se couvrir et attendre qu'il les appelle avant qu'elles entrent. Il se met sur l'estrade avec cinq autres membres du CPELE accompagné des acteurs. Puis il se met à prodiguer des conseils. Nous voulons au travers de ce que vous avez pu voir, changer notre manière de nous habiller. Nous ne vous imposons pas une manière de vous vêtir mais quand une jeune fille est bien habillée cela montre sa moralité et l'éducation qu'elle a reçue de ses parents. Aussi nous savons comment se présente les prostituées, même si tu ne le veux pas c'est ce que plusieurs se diront. Nous sommes encore des enfants et même sous tutelle parental par conséquent sacrifions nos apparences qui ne présage rien de bon (mèches sur la tête, vêtements plaqués transparents et courts...) soyons des élèves, privilégions nos études, laissons les attitudes et comportements des grands aux grands et restons pour le moment petit. Le jour vient ou on agira comme des grands ...mais si une personne voit qu'elle peut faire ce changement pour seulement quelques années, je vous assure qu'elle donnera le meilleur d'elle-même. Je suis d'accord que chacun soit libre mais c'est une proposition du comité auprès de vous. Les filles doivent porter des jupes décentes et longues, des hauts qui n'exposent pas les seins. Ceux qui voient comme moi, peuvent lever la main. Puis il lève sa main, il est suivi par ceux qui sont sur l'estrade, les professeurs présents et presque toute la salle. Le comité se félicite mais une jeune fille demande à prendre le micro. On lui donne le second et elle propose au moins un modèle afin qu'elles puissent être situées. Merci dit Willy. Vous pouvez maintenant rentrée. Alors les filles rentrent avec les modèles, tous applaudissent car elles étaient très bien habillées. Le chef du CPELE présente celle qui a joué le rôle de la violée puis lui demande d'aller se changer. Quand elle revient, sa tenue était très jolie la couvrant correctement. Plusieurs viennent prendre des photos...alors le comité distribue des affiches sur lesquels se trouvent les différents modèles décents.

Dans le but d'encourager, le comité placarde des proverbes de motivation et un programme d'étude pour toutes les classes en fonction des emplois du temps.

Le dernier trimestre s'achève, chaque élève est fier de son résultat. Chez les Dago, tous sont dans la joie à cause du formidable travail abattu par Twenty à l'école et les félicitations de la part de l'administration à ses parents. Il est premier avec 18 de moyenne. Toute la famille est unanime, après son bac il ira aux USA pour continuer ses études.

Ce sont les vacances, il est concentré et travaille ses lacunes. En réalité, il fait tout pour avoir 19 de moyenne mais hélas, il n'y arrive pas. Monique est présente pour étudier aussi avec lui. Ils établissent un programme simple ; un jour d'intervalle entre les jours d'étude. Sa physionomie a changé, il est bâti et plus beau. Ses amis du quartier viennent le chercher pour aller discuter un match de football. Sur le terrain, ils le présentent comme la star de leur cité...après quinze minutes Il rentre à la maison et va sur une chaine de documentaire pour avoir plus de connaissances.

Au cours de leur étude, Monique lui fait savoir qu'elle l'a percé à jour car son stratagème d'étude n'est plus un mystère maintenant. Il rire puis dit : « ce n'est que la partie émergée du Is berg que tu vois ». Elle ne voit pas trop de quoi, il veut parler alors il met le DVD de sa tutrice sur lui en train d'étudier pour l'obtention du BEPC. Tout au long de la vidéo, elle ne put dire un mot.

À la fin il lui explique que s'il pouvait travailler à ce rythme en 3è, qu'elle imagine ce qu'il fera maintenant. Tu es un surdoué lui dit-elle ! Non je ne le suis pas, c'est seulement mon amour pour l'école et ma forte volonté d'être le meilleur. Elle comprit aussitôt pourquoi, il était le meilleur à chaque fois. En réalité, ne voulant pas la fatiguée, ils se sont entendus sur 50% de leur temps aux études mais lui dans sa chambre étudie avec abnégation, se donnant à 100%. Il entre en contact avec le premier de la Terminale C3 afin de bénéficier de ses cahiers de leçon et des conseils.

En possession de tous ces documents, lui et Monique se mettent au travail. Il reçoit l'appel de son ami Kévine qui lui explique un peu les difficultés de sa mère.

Celle-ci ne pourra pas payer son inscription, ses fournitures et bien d'autres choses. Willy se porte garant pour tout assurer et l'encourage à toujours se donner à fond pour être le meilleur puis raccroche en toute courtoisie. Il lui explique que son ami est très pauvre. C'est dans un quartier très précaire qu'il est. Sa mère parcourt de longues distances pour ramasser des sachets et bouteilles jeté dans les rues ou dans les poubelles. Ensuite elle les vend aux entreprises de recyclages et se sert de ce qu'elle gagne comme argent pour subvenir au besoin de sa famille. Kévine à deux sœurs et un frère, mais elle a préféré le scolariser. Quant aux autres, ils sont là, ils ne font rien. C'est dans une entrée couchée en baraque qu'ils vivent. Monique a les larmes aux yeux. Au concours de génie en herbe, il était très bien habillé en sorte que sa pauvreté ne paraissait pas du tout. dit-elle ! C'est moi qui lui aie filé tout ce qu'il avait porté ; pour moi, il est comme un parent. Ensuite, elle s'approche de trop près et elle lui donne un baiser sur la bouche. Il la repousse en lui disant : ne bafoue pas les statuts du CPELE. Si nous qui devons être des modèles nous nous adonnons à cela, c'est que nous sommes des hypocrites. J'ai un code d'honneur : le travail d'abord et les autres choses viendront. Monique essuie une terrible abjection et s'excuse. Catherine descend et voir une atmosphère tendue. Monique apparait comme une personne sur qui de l'eau a été versée. Elle comprend automatiquement la situation et lui demande de la rejoindre dans la cuisine pour l'aider à faire le goûter. Elle s'enquiert de la situation puis lui donne des conseils. Merci beaucoup Madame Catherine lui dit-elle. Elle s'approche de lui et fait comme si rien ne s'était passé. Elle rentre à la maison après trente minutes.

Willy continue de travailler durement dans le secret. Le président de la cité placarde une information à l'entrée du quartier. Il s'agit du scoutisme dans une forêt situé à 200 kilomètres de la ville. Willy s'inscrit avec Monique et Marc. Trente-cinq jeunes sont enrôlés dont 20 garçons et 15 filles. À la veille du départ, Willy fait du shopping avec ses amis. Pour lui c'était une occasion d'acheter des vêtements pour ses deux amis notamment Kévine et Bruce. Ils le remerciaient avec Monique car elle a contribué aussi.

Il est 14h30, le car est garé et les attend. C'est un colonel qui organisa cela en vue de secouer les jeunes du quartier car pour lui ce sont des paresseux. En réalité parmi eux, il y avait trois homosexuels et c'est pour lui le seul moyen de les corriger ou les faire abandonner leurs comportements efféminés. Dans le car, plusieurs jouent, rirent, dansent et d'autres lisent des romans. Ils entrent dans la forêt. La voie serpente et il n'y a plus de bitume. Derrière le véhicule, de la poussière en sorte qu'ils ferment les vitres pour éviter de la respirer. Le cas roule sur la terre rouge. Il n'y a plus de bruits comme le calme avant la tempête. Leurs oreilles entendent des voix inconnues car ce sont les animaux qui ont la parole. Ils sont dans un territoire qui leur est étranger et les autochtones s'expriment.

Plusieurs commencent à avoir peur et d'autres prennent des photos. Arrivé dans le camp, ils voient dix militaires avec des têtes rasées qui les attendent. Dès que le car gare, un militaire très bâti et musclé monte. Pendant dix minutes, il hurle sur eux avec des thèmes durs. Twenty se rappelle les boots camp aux USA qu'il avait regardé sur internet. Ensuite, ils descendent dans l'ordre. Les garçons sont séparés des filles. Ils sont conduits à leur dortoir ; deux grands hangars avec des lits en-dessous. Des tenues sont distribuées à chaque jeune. Il leur est formellement interdit de changer de vêtements. Ils rangent leurs portables et autre dans leurs différents sacs et sont conduits dehors avec leurs nouvelles tenues en main.

En rang, un militaire vient prendre leurs tenues et un autre les humecte fortement puis les asperge avec la poudre blanche. Ils reçoivent leurs habits et vont chacun se doucher. Ils enfilent leurs tenues et se couchent. Très tôt le matin, précisément à cinq heures, ils sont réveillés en étant aspergé d'eau. Willy ne dormait pas car il révisait. Il les a vus marcher comme des tortues pour ne pas se faire remarquer. Ils ne s'en reviennent pas de la brutalité avec laquelle, ils ont été réveillés. Un instructeur se charge de donner toutes les règles sur un ton très sévère.

Trois jours sont passés, plusieurs abdiquent. Tous les matins des séances complexes d'entrainement physiques. Dans l'après-midi footing en forêt suivi de la chasse pour avoir la viande au diner. Souvent ils n'attrapaient rien et mangeaient du riz avec la sauce d'aubergine simple. Plusieurs activités étaient faites pour leur formation. Les homosexuels avaient changé. Leurs démarches et leurs voix avaient été transformés ; c'étaient des hommes maintenant. Un instructeur leur fait savoir qu'ils apprendront à nager le lendemain. Ils sont très heureux et reçoivent la nouvelle avec soulagement.

Ils sont réveillés brutalement par les cris des instructeurs qui courent et crient dans tous les sens. Ils sont au gardez-vous à côté de leurs lits. Tous sont en pantalon à cause des insectes...le responsable des instructeurs les met en file indienne et ils se dirigent vers la rivière. Voyant l'eau de loin, ils se murmurent à l'oreille de l'autre: on va plonger...danser...sauter. À 30 mètres de la rivière, ils tournent à gauche. En face d'eux, la boue. Plusieurs inventent des malaises : diarrhée, mal de ventre… les instructeurs ne se laissent pas distraire. D'abord ils les forcent à nager, puis ils sautent et après ils courent avec des sacs pesant cinq kilogrammes. Le tout dans la boue. Après une heure, ils vont à la rivière pour se rincer sous l'observation de ceux-ci. Marc s'approche de son ami et lui dit : « Si je savais que les choses se passeraient ainsi, je ne se serai jamais venu ». Willy se gausse de lui. Quarante mètres plus loin, les filles font de même sous les regards des instructrices.

Au prochain levé du soleil, ce sont des cours moraux avec des exercices. Willy les épate tous. Du côté des garçons Twenty s'est démarqué par son intelligence et du côté des filles Monique fait de même. Une confrontation est organisée ; les filles contre les garçons. Chaque groupe élire son représentant. Elle est face à celui qu'elle ne pourra jamais battre. Les deux se regardent et rire. L'instructeur pause la première question : En quelle année a été créé le scoutisme et qui en est l'auteur ? Trente secondes passent puis soixante…ni Willy, ni Monique ne répondent. Finalement, Twenty lève la main et dit : le scoutisme a été créé en 1908 par Baden-Powel…Correcte répond le modérateur. Puis suit plusieurs autres questions, le score est cinquante pour les garçons et zéro pour les filles. De peur que les filles soient écrasées, le modérateur donne la possibilité à Monique de lui poser une question. Celle-ci lui demande si elle peut poser n'importe quelle question, quel que soit le contexte. Oui répond-il. Elle fixe son adversaire dans les yeux pendant 20 secondes et se met à rire. Marc remarque son visage et constate qu'il a changé en revêtant une tristesse et se fait une idée de la question qu'elle va poser. Dans son cœur, il dit : Twenty ne pourra jamais répondre à cette question. Tu peux poser ta question répète le modérateur. Willy, est-ce que tu m'aimes ? Tous sont surpris et tournent leur regard vers lui. Il est bloqué toutefois il entend ses amis dirent : mec dit oui ! Elle est trop jolie ! Moi je dirai oui …Il la regarde pendant trois secondes puis baisse la tête et dit je ne connais pas la réponse. Les filles remportent dix points toutefois les garçons sont les vainqueurs. Dit le modérateur. Willy est soulevé par ses camarades et ensemble ils savourent leur victoire.

Ce jeu fit que tous comprenaient pourquoi, il était le meilleur sur le plan national. Pour la première fois, ils permettent aux filles de se joindre aux garçons sous leurs surveillances. Marc prend Monique de côté et dit : « Qu'as-tu fais ? » Il y a trop de belles filles, je crains qu'une soit une concurrente. J'espère qu'il ne va pas le prendre en mal. Dit-il. Monique accompagné de cinq filles rejoignent Willy alors qu'il est avec ses amis. Ils font la place. Elle les présente à son ami puis ils échangent pendant un bon moment. Parmi elle, Minaelle s'approche de lui et parlent un peu trop ; on aurait dit qu'elle le draguait. Chose surprenante elle était très belle avec son teint noir. Mais Monique était la plus belle en taille, forme, de visage et de teint car elle est bronzée.

Les instructeurs sifflent pour séparer les deux groupes. Au lit son ami Francis lui dit qu'il a vraiment apprécié Monique et qu'il veut faire d'elle sa copine. Il ne dit rien. Pourrais-je avoir son numéro ? Lui dit son ami ! Il faut le prendre avec elle-même. Pour la première fois, Willy manifeste des signes de jalousie en sorte que Francis s'excuses pour ses questions qui l'angoissent.

Le lendemain, ils sont au bord de la rivière. Les garçons sont en chotte et les filles en maillot de bain. Les instructeurs sont dépassés de voir la forme musclée de Willy avec ses abdos pour son jeune âge. Ses amis y compris les filles le regardent. Vu l'attitude de Minaelle devant lui, Monique explique à toutes les filles qu'il est son petit ami. Elles la félicitent car son copain en plus d'être intelligent, est très beau et a un corps d'athlète. Toutefois, elles cherchent à savoir pourquoi ils ont joué la comédie devant tout le monde. Je le connais pour quelqu'un qui a très honte, c'est pourquoi j'ai agi de la sorte. Tu as vraiment été perspicace lui disent-elle. L'obsession de Francis le pousse vers Monique pour une conversation. Mais voyant son jeu, elle lui dit : « je suis déjà prise ».

Dans leur dortoir, il explique à Willy qu'il ne pourra pas avoir la fille car elle est déjà prise. Ok lui dit-il... Entre eux ils murmurent sur la dureté de la formation et le profit qu'ils en tirent. Les homosexuels présentent des apparences et voix masculines. Cinq jours sont passés, les instructeurs sont moins rigoureux et leur donne un peu de liberté mais sur observation pour toujours éviter l'impensable. Willy se met de côté et étudie. Monique s'approche et s'y met aussi. Ses amis les voient de loin en train de bosser.

Le soir, une petite réception est organisée avec de bons plats accompagnés de sucreries. Ils dansent, jouent et rirent. La réception prend fin aux environs de 22h. Depuis leur arrivée, un jour ne passent pas sans que Catherine appelle pour avoir de leurs nouvelles. Pareil pour la mère de Monique. Pour la première fois, ils ont dormi sans être inquiété jusqu'à 8h mais depuis 4h Willy est sur pied en train d'étudier.

Après le petit-déjeuner, Francis raconte l'épreuve de course. En réalité, les instructeurs les avaient mis en compétition. 5 équipes ont été formées pour les éliminatoires. Willy et son équipe se démarque grâce à lui. La distance était connue était de 80 mètres. Tout au long des éliminatoires Twenty fait bonne figure. Lorsque le départ est donné, il est lent mais plus il avance sa vitesse augmente jusqu'à ce qu'il finisse premier. Tous peuvent le dépasser sur les 30 premiers mètres mais arrivé au quarantième mètre, il les rattrape, les dépasse en mettant une distance d'au moins 10 mètres. Les instructeurs ne s'en revenaient pas. De son côté Monique est très vite battue car elle faisait face à Pélagie une jeune fille surnommé la robuste. Willy riait quand elle trébuchait. Sa manière de courir montre qu'elle est une fille de bonne famille. Lors de la finale du côté des garçons, il était en face de sportifs accomplis. Le départ est donné, il est derrière mais à partir du trentième mètre, il les rattrape. Ils sont sur la même ligne mais à quatre mètres de la ligne d'arrivée, Willy les laisse et dépasse rapidement l'instructeur qui le regarde passer avec stupéfaction. Plusieurs lui disent : quel est cette façon de courir ? C'est typique de moi. Dit-il ! Après cette histoire de Francis, tous rirent et l'encourage à être toujours le meilleur.

Ils sont de retour à la maison. Il se repose pendant deux jours. À la télévision, il suit un documentaire sur des élèves qui sont retrouvés morts sur leurs couchettes… La cause, ils étudiaient au point de ne même pas se reposer et cela a engendré des maladies qui n'ont pas été vites vu afin d'être traitées. Il prend peur et décide d'aller saluer Kévine.

Une fois chez son ami, ils en parlent puis brusquement il se met à pleuvoir. Ils entrent dans la maison. Là, la toiture coule. Kévine met une cuvette puis une deuxième, des seaux. Mais tout cela ne suffit pas. Alors il place des assiettes, déplace leur couchette…Willy ne s'en revient pas. Quand la pluie cesse, il est 15 heures. Twenty voit son ami qui se sent très humilié et décide de faire quelque chose. Les deux se rendent dans une agence mobile money et il fait un retrait de 50.000 francs qu'il offre à son ami pour la réfection de la toiture. Merci beaucoup mon meilleur ami. Lui dit Kévine.

Les cours de vacances commencent, Marc, Willy et Monique s'inscrivent. Twenty est en avance sur le programme et les NTIC (Nouvelles Techniques de l'Information et de la communication) l'on beaucoup aidé dans son auto-formation. Lors des évaluations, il lui ait difficile d'être en dessous de 18 dans les matières scientifiques et 16 dans les matières littéraires. Il trouve cela très insignifiant et se met encore à trimer. Voulant avoir seulement 20 sur 20 dans toutes les matières, il a écrit partout : dans sa chambre, sur son lit, sur son sac, sur son téléphone, sa tablette, son ordinateur, sur ces cahiers, sur la porte de sa chambre, des toilettes, sur les instruments géométriques… c'était son ultime but.

À la maison, lui et Monique traitent les sujets d'examen des années précédentes. Le classement est fait, Willy est premier avec 18 de moyenne et Monique 16. Tous se préparent pour la rentrée. Plusieurs font coudre leurs tenues de l'école. Willy court sa tenue ainsi que celle de Kévine.

Marc ne se sent pas du tout bien. Ses parents l'envoient à l'hôpital. Le diagnostic tombe, il est cancéreux. Il est opéré ; une tumeur est extraite de son corps ... Couché sur le lit de l'hôpital, il reçoit la visite de ses amis. Ils passent un bon moment avec lui. Toutefois le médecin informe ses parents que le cancer est très avancé. Ce n'est pas sûr qu'il dispose des moyens nécessaires pour aider leur enfant. Toutefois, s'ils ont les moyens, ils seraient vraiment bien de l'envoyer soit aux USA soit en Allemagne. Pendant que Willy est dans les toilettes, Monique s'approche de Marc. Il veut lui parler à l'oreille. Lorsqu'elle s'abaisse, il murmure dans ses oreilles mais elle lui dit qu'elle ne peut pas. Il insiste mais elle refuse. Lorsque Twenty s'approche d'eux, Marc le regarde et se tue. Il étudiait à côté de lui en sorte qu'une aide-soignante fut dépassée de son dévouement au niveau de ses études. Il rentre le soir et revient le lendemain à 10h.

Après deux semaines, il sort de l'hôpital. Ses parents commencent les préparatifs car c'est bientôt la rentrée. De son côté, Twenty s'inquiète de l'état de santé de son meilleur ami pare qu'il était avec lui chaque jour.

C'est la rentrée, les élèves sont contents de se retrouver. Les parents font leur inscription. Une semaine après le début des cours, l'école doit élire le président du CPELE. Il y a plusieurs candidats dont Willy. Le vote se fait de la façon la plus simple. Des corbeilles sont dans la salle polyvalente sur la surveillance de cinq professeurs.

Les élèves mettent le nom de celui qu'il vote sur une feuille puis les mettent dans une corbeille. Tout se passe en une journée.

Le lendemain, Les résultats sont affichés, Twenty remporte la victoire avec 95% des voix d'électeurs. Le CPELE reprend ses activités.

En classe tous les professeurs, sont dépassés des réactions de Willy. Il est plus fort et déterminé. Monique sa voisine se démarque aussi par son travail remarquable ainsi que Marc.

Au cours d'EPS, le professeur présente un élève comme étant le meilleur dans sa discipline. Plusieurs ne comprennent pas le parti pris de leur enseignant. Sans tarder, il demande à David de faire l'enchainement qui doit être présenté au bac. Quand celui-ci se met à le faire, tous sont épatés parce qu'il est très souple. On aurait dit qu'il n'a pas d'os. Tous l'applaudissent y compris Twenty. Son objectif d'être le meilleur dans toutes les disciplines vient d'avoir un compromettant. Toutefois, il ne s'avoue pas vaincu et lutte pour mériter la première place. Déjà à la maison au niveau de la cour arrière, il révise l'enchainement chaque soir.

De leur côté, les doublant ne se laissent pas faire. Twenty à beau être fort, ils n'envisagent pas laisser un môme les surpasser dans toutes les matières. Chacun veut faire ses preuves. Il n'y a pas un élève qui n'est pas conscient dans toute l'école. Même les nouveaux emboitaient le pas. Lors du cours d'histoire, le professeur demande un rappel du cours précédent puis leur notion sur la bipolarisation ; le chapitre du jour. Personne n'a eu du mal à réciter le cours sur l'ONU mais quant à la bipolarisation tout est un peu flou. Plusieurs donnent la date, d'autres se limitent à la formation des blocs. Twenty avec la permission du professeur, part du contexte historique et envient à la bipolarisation en expliquant la guerre froide, les différentes crises, l'effondrement de l'URSS et termine par l'unipolarisation du monde. Le professeur est pris de stupéfaction et lui donne plus 5.

Dans la classe, ce sont les murmurent : d'une part ses amis le qualifient de génie et d'autre part ils se demandent son secret. Après les cours, il demande une réunion urgente du CPELE dans le but d'établir un texte d'honneur de l'élève. Pendant trente minutes, ils travaillent ensemble jusqu'à ce qu'ils aboutissent. Le texte est :

Je suis un élève, un modèle. Je suis poli, assidu, ponctuel, fort et intelligent. Aucun devoir ou examen n'est difficile, aucun professeur n'est incompréhensif. Je parle plusieurs langues, le français, l'anglais, le mandarin, le russe, je néglige aucune matière, rien ne met impossible. 2/20, 5/20 et 10/20 m'ont forgé pour être meilleur demain avec 15/20, 18/20, 20/20. Je me lève quand je tombe, je trouve des solutions quand je suis confronté à des problèmes. Mon succès, ton succès, notre succès, le succès se trouve en nos mains. À la vôtre camarade.

Le président du comité profite avec l'aide de la secrétaire pour faire le point de la caisse. Ils se retrouvent avec 700.000 francs. Ils décident d'avoir au moins un bureau, plus la connexion internet via wifi à la disposition de tous les élèves. La production de 2000 copies du texte d'honneur de l'élève est lancée. Après avoir vu le proviseur celui-ci donne son accord et aménage un vieux bureau pour eux. Habituellement tout se faisait dans la salle polyvalente.

Le CPELE doit informer les élèves des nouvelles mesures mises en place et les conseils. Une réunion est convoquée pour le vendredi entre 12h30 et 13h30. La salle est pleine à craquer. Tout est dit. Pour finir les 10 membres du bureau qui étaient présents à la réunion récitent à haute et intelligible voix le texte d'honneur de l'élève. Tous sont épatés et les ovationnent. Ils entendent du milieu de la foule : super, RAD c'est-à-dire rien à dire, magnifique… Monique va au tableau et fait monter le rideau. Le texte est écrit en grand caractère. Ensemble, ils récitent le texte d'honneur de l'élève. Le lendemain, les différents chefs de classe reçoivent des lots de fiches du texte et les partage à leurs amis.

Le proviseur fait appelle à Willy et l'informe de la venue du ministre de l'éducation nationale la semaine prochaine. Ainsi, il doit préparer son discours car il sera le porte-parole des élèves auprès du ministre. Le lendemain, le CPELE commence à tout organiser à leur niveau. Le texte d'honneur de l'école est placardé sur le tableau d'affichage. Les membres du CPELE remarquent que les élèves apprennent le texte par cœur. Quand il passe, ils voient des chefs de classe qui le font réciter à leurs amis.

À la veille, Catherine achète un costume pour son fils afin qu'il soit très présentable. Twenty en achète pour Marc aussi.

Tous sont rassemblés, ils n'attendent plus que le ministre. De loin ils entendent les sirènes des motards. L'entrée du ministre est saluée par des fanfares.

Ils se lèvent pour dire Akwaba c'est-à-dire bienvenu au ministre. Le proviseur se met à la chair et fait son discours. Après, Willy vient pour parler au nom de tous les élèves. Quand il commence, tous sont surpris par sa façon de lire. C'est à haute et intelligible voix…En ce jour solennel, nous les élèves du Lycée d'excellence disons bienvenu à la Ministre…après avoir fini son discours, il plie sa feuille et met sa main droite sur sa poitrine à l'emplacement du cœur. Tous les élèves se lèvent et font de même. Ensemble ils récitent avec lui. La ministre, son escorte, les autres directeurs d'école, les enseignants et parents sont épatés et les ovationnent. Catherine est dans l'émotion, ses larmes coulent. Elle prend son téléphone et envoie un message à Willy : Je suis milliardaire avec de grands biens mais je n'ai jamais éprouvé une telle joie. Ta venue chez moi m'a guéri de plusieurs maux. Aujourd'hui, je suis fier pas à cause de mes biens mais à cause de l'honneur que tu me fais. Je t'aime. Merci, merci, merci…mon fils.

La ministre est accompagnée par les deux belles filles du lycée dont Monique à droite et Félicité à gauche. Derrière la chair, la ministre donne son discours puis appelle Willy et parle un peu de son parcours. Depuis le primaire jusqu'au collège tu as été le meilleur des meilleurs. Au BEPC tu as été le meilleur sur tout le territoire puis le meilleur des élèves du premier cycle et encore tu seras certainement le meilleur élève du second cycle. Je te félicite ainsi que tes parents. Je voudrais aussi réciter le texte d'honneur de l'élève. Une fiche lui est donnée, tous se mettent à le réciter tels des soldats qui sont sur le point d'aller en mission. Sur place, elle demande à ce que dans toutes les écoles, sur tout le territoire, ce texte soit appris par les élèves. Pendant plus de 15 minutes, elle parle, donne des conseils, encourage le lycée de l'excellence et demande aux autres écoles de suivre leur modèle. Elle remet une enveloppe de deux millions au CPELE pour soutenir toutes ses activités.

A la fin de la cérémonie, plusieurs photos sont prises avec la ministre. Elle rentre avec sa suite. Catherine approche son fils et là, elle est félicitée par des enseignants, directeurs et les autres parents. Plusieurs élèves l'approchent et la remercie pour tout ce que son fils a fait, fait et continue de faire pour eux. Les parents de Monique y compris leur fille prennent des photos avec Willy et sa mère. Ils rentrent à la maison. Sur son lit, il voit le Message de Catherine. Il descend de l'escalier la voit assise au salon familial et là il répond : Je t'aime aussi maman et je te ferai toujours honneur. Quand elle voit le message, elle rire et soudain le voici près d'elle. Il lui fait des accolades. Elle le serre fort en disant : mon bébé, mon honneur…

Le lendemain, Willy remet le chèque au proviseur. Le soir dans le journal télévisé, il est aussi question de la visite de la ministre de l'éducation Nationale et de l'alphabétisation au Lycée de l'excellence. Il montre surtout la partie de l'éloge de la ministre à Willy et la partie de la récitation du texte d'honneur. La ministre s'est cru au lycée et récite comme une jeune lycéenne en ayant son bras sur les épaules de Willy.

En classe, Marc crache du sang. Rapidement, il est conduit à l'hôpital. Sur place des soins lui sont prodigués mais les nouvelles ne sont pas du tout bonnes. Sa tête est rasée. Le docteur présent confirme qu'on ne peut plus rien faire car le cancer s'est répandu sur ses organes vitaux. Willy informé ne sait que faire pour aider son ami. Finalement, il se met à pleurer y compris Monique.

Le lendemain en classe, tous veulent avoir des nouvelles de Marc. Twenty ne passe pas par 4 chemins et les faits savoir que ça ne va pas du tout chez leur ami : il a le cancer. Ils ne savent comment réagir face à cette nouvelle. Monique essaie de les rassurer que tout ira bien mais elle pleure. Connaissant l'hôpital, plusieurs élèves s'y rendent pour le saluer et le soutenir. Ses parents sont étonnés de la fraternité qu'il y a entre ces élèves.

Le vendredi soir, Willy est aux cheveux du lit de son ami. Marc est en train de le filmer mais il ne le sait pas.

Marc : Promets-moi que tu te marieras avec Monique car elle t'aime et est prête à tout pour toi.

Willy : Oui je te le promets car moi aussi je l'aime beaucoup mais parlons plutôt de ta santé.

Marc : Promets-moi d'être le meilleur encore après tes études.

Willy : Je le promets.

Marc : L'un de tes enfants porteras-t-il mon nom ?

Willy : Bien sûr le tout premier garçon.

Marc : Twenty encore merci d'avoir été mon meilleur ami et d'avoir permis ce grand changement à mon niveau. Prend ton appareil et prenons-nous des photos ensemble. Tu sais Monique a une sœur qui est plus âgée mais …elle te le dira elle-même. Cette dernière sait tout de toi car elle lui a parlé de toi. Si elle ne t'a pas

encore contacté, c'est parce que Monique ne le veut pas sinon elle l'aurait déjà fait.
Willy : S'il te plait donne-moi d'autres détails.
Marc : Elle le fera elle-même.

Il est minuit, Twenty somnole auprès de son ami. Malheureusement aux environs d'une heure du matin son ami rend l'âme sans qu'il ne s'en rende compte. Le matin, il le regarde coucher comme un bébé. L'aide-soignante sans prêter attention à Marc va vers la fenêtre et déplace les rideaux afin que la lumière du jour frappe dans la chambre. Sa mère qui dormait sur le banc les rejoint. L'aide-soignante s'approche de lui et constate qu'il est décédé durant la nuit. Faisant comme s'il n'en était rien, elle appelle le docteur et lui explique tout. Les dispositions sont prises, la famille est demandée dans le bureau du docteur sur place. Il explique que Marc est mort dans la nuit. Sa mère pleure. Willy assis sur le banc, voit son ami qui sort sur une civière emballée de drap blanc. Il dit : Marc ne me fait pas ça, ne me laisse pas, avec toi j'ai connu la vraie amitié, tu es mon frère… il ne termine pas ces mots que la mère de son ami le prend dans ses bras en le consolant. Willy pleure tel un bébé dans les bras de la mer de son alter égo. Monique vient d'arriver. Les voyants elle se met à genou et pleure aussi. Derrière elle se trouvait une quarantaine d'élève du comité qui venait voir leur troisième responsable. Ils aperçurent Willy et Monique en train de pleurer, là personne ne put arrêter l'autre. C'était des pleures en sorte qu'une dizaine de personnes du corps médical vient consoler tous les endeuillés.

Deux semaines sont passées, les funérailles suivies de l'enterrement ont été faits. Ce fut un temps de tristesse pour la majorité des élèves du Lycée d'Excellence surtout ceux du comité.

Willy est beaucoup affecté en sorte qu'il a eu 12/20 lors d'une interrogation. Tous sont dépassés et comprennent qu'il est encore affecté par le décès de son pote. Monique lui demande de vite se ressaisi sinon Marc ne sera pas du tout content de lui depuis là-haut. Alors il se rappelle leur échange qui a précédé son décès.

C'est le Weekend, il se rend sur la tombe de son ami pour y déposer des fleurs et ne purent s'empêcher de pleurer à chaude larme. Mais il le rassure, qu'il sera le plus grand docteur que le monde n'a jamais connu afin que quelqu'un ne meure pas du cancer. Twenty venait de découvrir là ce qu'il voulait devenir dans la vie.

Deux semaines après, contre toute attente, les professeurs des lycées sont en grève parce que leurs conditions ne sont pas améliorées depuis le précédent ministre. Pendant deux jours il n'y a pas cours au public. Les lycéens mécontents de ne pas faire cours, vont déloger ceux du privé avec des morceaux de cailloux, bois en main…Vu la gravité de la situation la ministre en exercice se résout à solutionner le problème en améliorant de peu les salaires et promet encore de faire mieux. Ceux-ci acceptent et décident de reprendre les cours.

Tous reviennent et rattrapent le retard pour certains parce que plusieurs professeurs avaient envoyé des cours dans des groupes sur les réseaux sociaux. C'est ainsi que le CPELE à encourager ce moyen afin que les professeurs soient toujours en contacts avec les élèves.

Monique passe son temps chez les Dago afin d'être une élève d'élite. Willy fait appelle à Kévine pour l'aider à maîtriser l'enchainement de l'examen. Celui-ci vient et l'aide à s'améliorer surtout au niveau de l'enchainement libre. Ils vont sur internet et télécharge des vidéos sur des acrobates pour se perfectionner.

Au terrain d'EPS, c'est l'évaluation. Chaque élève a droit à trois passages. Serge passe en premier et met la barre très haute. Willy fait de même. David ne se laisse pas faire, il est toujours le meilleur malgré la très bonne prestation de ses adversaires. Personne ne s'attendait à une telle réussite de la part de Willy et Serge. Au deuxième tour Serge fait une erreur. Cependant, Twenty garde toujours sa perfection. Au troisième tour Serge fait des mouvements imprécis et trébuche. David rire et fait un enchainement parfait toujours dans sa souplesse. Willy se démarque encore. David s'en sort avec 30/30, Willy 25/30 et Serge 10/30…

La classe doit faire 100% à l'examen blanc et ensemble ils établissent un programme d'étude qu'il respecte à la lettre. Durant le Week-end Kévine vient chercher Willy afin de lui montrer Koffi ; un fou qui traite des exercices de mathématiques pour les élèves de troisième et terminale dans son quartier. Entouré de quatre élèves de troisième, Koffi traite leurs exercices sans fait d'erreur. Willy est dépassé. Quand il n'y a pas d'élèves, il fait des dessins des continents, pays et met des formules de mathématiques et sciences physiques sur le mur.

Vu le service que ce dernier rend aux élèves ceux-ci lui donnent à manger mais lui refuse de partager sa nourriture avec qui que ce soit ; même si vous avez pour habitude de lui donner à manger, il ne vous donnera jamais si vous lui demandez. Willy lui donne un exercice et il le traite rapidement sans fait d'erreur. Twenty lui montre un autre procédé pour aboutir au même résultat. Celui-ci se note 20/20 et donne 20/20 à Willy puis le regarde en souriant. Son sourire fait rire car ses dents sont toutes jaunes et deux incisives de la mâchoire supérieure ne sont plus à leur place. Ce jour-là, il reçoit du garba (attiéké avec du Thon frire vendu par les hommes) plus une grande bouteille de jus d'orange.

Content il lance un défi à Twenty pour lui soutirer plus de dons car c'est la première fois qu'il a vu quelqu'un qui est intelligent comme lui. Pour Gnonka, le fou, Willy l'a humilié car en plus de lui avoir donné un exercice, il a proposé une façon plus simple de résoudre l'équation. Il nettoie le mur à l'aide d'un chiffon et donne un exercice à son adversaire. Progressivement plusieurs personnes se joignent à eux et les entoure. On dénombre déjà plus de cinquante personnes car une personne a attiré l'attention des gens en leur faisant savoir que Gnonka a défié l'élève le plus fort du pays. Contre toute attente, le petit Konan résout les exercices de Gnonka. A son tour, il lui demande s'il est fort en physique-chimie. Il répond par l'affirmatif. Alors, il lui donne l'exercice de physique-chimie qui l'avait fatigué en troisième pour lequel le doyen de l'établissement l'avait félicité. Gnonka se tourne et se met à rire. Les spectateurs en plus de le soutenir se mettent à rire car son rire fait rire. Il se presse de relever le défi mais il est bloqué. Plusieurs sont en train de filmer et d'autres sont en direct sur les réseaux.

Une patrouille de policier pensant qu'il y avait un problème s'arrête et va voir. Elle constate que c'est un duel et se permet de regarder quand même. Finalement Willy sort victorieux. Kévine crie : Twenty ...Après la correction donnée par Twenty, Gnonka ne s'en revient pas et dit à Willy : Mon ami tu es très perspicace. Puis il lui tend la main ; Willy fait de même et met l'assiette de Gnonka afin que les personnes présentes fassent un don. Ce jour-là, il a eu plus de 100.000 francs...

En classe, un garçon fait la cour à Monique. Celle-ci se montre très sévère envers lui et met fin à cela. Plusieurs élèves, laissent des messages au bureau du CPELE. Ce sont des plaintes dures aux vols en classe, harcèlement, tricherie et impolitesse. Le comité décide d'établir des commandements. Les douze commandements d'un élève : Tu ne tricheras pas, tu ne harcèleras aucun élève, tu n'auras pas les rapports sexuels au sein de l'établissement ou avant le mariage, tu ne fumeras pas et ne boiras pas d'alcool à l'école ou hors de l'école, tu ne sècheras pas les cours sauf pour raison majeure, tu veilleras à la propreté de l'école, tu ne voleras pas les livres ou accessoires de tes amis. Tu respecteras tous tes amis, les membres de l'administration y compris les professeurs. Tu feras preuve de bon sens en toute situation. Tu dois connaitre ton cours avant d'être en classe. Tu ne feras pas de tatouage sur ton corps. Tu aimeras ton condisciple comme toi-même. Il met tout en place afin que tous puissent avoir ces statuts d'ordre et de bienséance. Le proviseur approche le CPELE et leur remet la moitié du don d'un million de la part de la ministre pour les aider dans leur tâche. Ils s'équipent en achetant deux ordinateurs portables sophistiqués avec une flybox pour la connexion internet. Ensuite, ils mettent le reste dans une caisse.

C'est la semaine des devoirs, tous sont concentrés. La prise de conscience est visible au niveau des élèves et cela se sent dans leur manière de travailler.

Au cours de l'épreuve de Mathématique, Willy descelle une erreur. Il le signale au surveillant qui se montre sceptique. Il insiste jusqu'à ce qu'il remonte l'information. La remarque de Twenty est corroborée. Ils reçoivent de nouvelles épreuves. À la fin de la dernière épreuve, Monique finie la première et sort. En réalité, elle et Willy avaient traité le même sujet à la maison. Dehors elle s'étonne que Willy ne sort pas alors que c'est lui qui lui a tout montré. Après la sortie de 15 élèves, il suit. Elle lui demande la raison pour laquelle, il n'est pas vite sorti. Il lui explique que c'est ce que tous se disent mais pour ne pas influencer quelqu'un il agit ainsi pour montrer que rien n'est simple et leur montrer que même le grand Twenty à des difficultés aussi. Tu ne cesseras jamais de m'étonner ! Dit-elle. Les devoirs sont finis chaque élève entre à la maison.

C'est le Week-end, toute la famille va à la plage y compris la famille de Monique. Ils vont dans des voitures de luxe. Là-bas, Willy qui ne sait pas nager essaie de s'avancer un peu trop loin, il est en train d'être emporté par l'eau. Une belle jeune blonde, l'attrape et le sauve. Sur place, il se présente mais elle le connaissait déjà parce qu'il a fait plusieurs fois la une des journaux. Monique accourt vers eux, remercie et salue cette dernière puis se présente à son tour. Celle-ci décide de le présenter à ses parents. Willy accepte mais constate que Béti est une fille de bonne famille. Elle le présente à son père y compris sa mère. Ils sont en face du meilleur élève du pays. Ils le questionnent sur sa famille, son lieu d'habitation… Il répond et Victor se rend avec lui auprès de ses parents. Ce sont des accolades parce que Victor connait très bien Catherine car il était un grand client de son défunt père. Les trois familles passent leur temps ensemble. Béti s'attache déjà à Twenty. Elle, lui et Monique jouent ensemble. Les trois échangent leurs contacts. Aux environs de 17h, tous rentrent à la maison. Les voitures qu'ils conduisent témoignent de leurs fortunes.

Le soir Béti appelle Willy en vue de lui rendre visite le lendemain dans l'après-midi. Catherine prend ses dispositions pour recevoir la fille d'un ami qui a aidé son père à monter des affaires…

Après avoir mangé, Catherine les laisse. Ils vont au deuxième salon et échangent sur tous les sujets possibles. Béti est une belle jeune française qui dans son établissement est la deuxième avec des notes remarquables seulement elle est en première C. Une véritable entente règne entre les deux. Willy était très heureux car il a pour amie une blanche et en plus une européenne.

Quelqu'un sonne ! La servante va ouvrir. Voyant Monique elle ne sait que dire vu ce qu'elle va voir. Elle les surprend côte à côte. Béti est en train de lui montrer ses photos quand elle était allée aux Etats-Unis et leur appartement en France. Elle les salue et se met prêt de Béti. Pendant trente minutes, ils causent et se racontent des histoires. Willy se lève, les laisses entre fille et va dans la cour arrière.

Sur la balançoire, il se met à réviser tout en pensant à Marc. Il se dit : si tu pouvais être là pour qu'on est toujours cette complicité et cette nouvelle amie. Au salon Béti explique à Monique ses intentions vis-à-vis de Willy. Il est vraiment bel homme et très intelligent. Monique la rassure que Twenty est une bonne personne sans toutefois lui dire ce qu'il partage déjà ensemble. Aux environs de 17h30 minute, son chauffeur vient la chercher. Avant de monter dans la voiture, elle embrasse Willy sur la joue et fait un coucou de la main à Monique.

Après deux semaines, les feuilles de devoir sont données aux élèves. La mauvaise note de Willy est 17 en Français quant aux autres il a eu plus de 20/20 que de 18/20 et 19/20. Tous sont fiers de leur chef de classe. À midi Béti l'appelle pour qu'il l'aide à traiter un exercice de Mathématiques. Elle prend une photo et lui envoie cela sur un réseau social à travers son profile. Il prend trente minutes et le traite puis lui envoie cela. Elle le remercie puis souhaite qu'il se rencontre à 18h afin qu'il lui explique des cours. Pas de soucis lui répond-il !

Monique observe tout mais ne lui dit absolument rien sur les intentions de Béti. Le soir Béti est surprise de voir Monique chez les Dago. Vis-tu ici ? lui dit-elle ! Non répond Monique, j'étudie depuis des années avec lui. Il lui explique les cours en sorte que devant lui, elle a réussi à traiter un exercice qu'il lui a donné. Il monte dans sa chambre récupérer son ordinateur, Béti le suit et entre avec lui. Après quinze minutes, les deux sortent. Monique se fait des imaginations…

Après le départ de Béti. Monique cherche à savoir ce qu'ils faisaient tous les deux. Il la rassure que rien ne s'est passé toutefois elle lui a fait des avances qu'il a décliné. Alors elle lui fait une confidence selon laquelle Béti voudrait faire de lui son petit copain. Il la rassure et lui demande de lui fait confiance. Puis il ajoute que la fidélité commence avant le mariage.

L'examen blanc n'est plus loin, tous se préparent. Entre temps des informations circulent sur un virus qui fait un peu ravage dans le continent africain. Personne ne prête vraiment attention. Béti et Monique sont belles comme le soleil dans ses différentes couleurs lorsqu'il se lève le matin et se couche le soir. Béti appelle Monique afin de l'inviter à son anniversaire le week-end prochain en compagnie de Twenty. Des jours passent…

À la fête, Willy voit des jeunes français et libanais de leur promotion. Béti les installe. Sur l'estrade elle l'appelle devant tous et le présente en tant qu'un ami proche et le meilleur élève du pays. Les deux sont ovationnés par tous ceux qui sont présents. Plusieurs le saluent avec des félicitations : bravo mec, le geek …Victor dit à sa femme : notre fille a fait un très bon choix car si elle continue de la sorte, elle sera meilleure. Le frère de Béti approche Willy et échangent beaucoup mais il est très habile au niveau des affaires. Lorsqu'il fait part de ses affaires et ses succès Willy est abasourdi. Face à tous les agissements de Béti, Monique est sereine parce qu'en secret, Willy lui avait dit que si elle l'aimait vraiment qu'elles l'attendent jusqu'à ce qu'il travaille et ils se marieront. Elle subit des coups par les attitudes de Béti mais elle a confiance à son promis.

De retour à la maison, il explique tout à sa tutrice surtout les avances de Béti. Celle-ci ne sait que dire et l'encourage à écouter son cœur en matière du choix d'une femme. Elle lui propose de faire s'il est d'accord des fiançailles avec Monique pour être sûr qu'il ne la trompera pas un jour. Je vais y réfléchir car c'est un peu brusque pour moi.

En classe, le professeur les informe qu'ils feront la course de vitesse. Au niveau des garçons personne ne veut affronter Willy. Celui-ci a prévu les mettre en confrontation car ce sont les meilleurs dans sa discipline. Il oppose Vangah à Willy pour montrer l'exemple. Le signal est donné, Monsieur Albert s'étonne de la vitesse des deux élèves. Toutefois, Twenty se démarque car plus il avance, plus il gagne en vitesse. Béti est à l'autre bout et l'encourage à accélérer encore. Il termine premier. Il la salue en levant sa main et retourne auprès de son professeur. Monique de sa place lève sa main en guise de salutation. Béti fait pareillement. Après le cours, il propose à son champion de participer à un concours de course de vitesse sur le plan national. Il promet de lui revenir demain car il doit avoir l'accord de ses parents.

La séance d'EPS est terminée, ses amies veulent savoir la relation qu'il y a entre Twenty et la belle blonde. Juste une amie. Dit-il. Mais et les autres qui sont avec elle ? Certainement ses amies. En réalité Béti n'était pas seul. Monique et lui rejoignent leur camarade. Béti, le félicite pour sa victoire y compris ses amies et fait les présentations. Ils prennent rendez-vous pour l'après-midi dans un glacier réputée pour être un endroit des riches. Voyant qu'il sera le seul garçon, il fait venir Kévine.

Au glacier, Willy voit autour de lui plusieurs jeunes occidentaux, des enfants de riche au point où il paraissait un peu dépaysé lui et son ami Kévine. Monique le sentant, mit sa main sur sa cuisse et lui chuchote à l'oreille : Tu fais partir de cette classe de personne désormais, habitues toi maintenant…Il se met à sourire et se ressaisit. Pendant plus d'une heure, ses adolescents parlent presque de tout. L'accent des françaises donnaient leur identité. Le portable de Monique sonne, elle s'éloigne un peu et décroche…tous remarquent son joli sourire comme si une très bonne nouvelle lui était annoncé. Lorsqu'elle raccroche, un jeune blanc parlant l'anglais s'approche d'elle la salue, se présente puis lui demande son nom. Elle répond. Twenty à ses regards fixés sur eux et suit tout. Béti compris ce jour-là qu'il y avait quelque chose entre les deux. Puis Monique appelle Twenty afin de le présenter au jeune en face d'elle. Pendant 15 minutes, ils échangent et se quittent.

Monique rentre dans les toilettes. Béti la suit. Là-bas, son ami met les faits devant elle. Elle le reconnait. Pourquoi tu ne me l'as pas dit plutôt ? Excuse-moi beaucoup je voulais voir s'il ne tomberait pas face à ta beauté et voir si je pouvais vraiment lui faire confiance. C'est un bon stratagème mais heureusement que c'est un bon mec sinon… Elles se font des accolades et retournent auprès des autres.

Le soir à la maison, il informe son tuteur qui valide y compris Catherine. À l'école, les interclasses sont organisés en football. Il se refuse à faire deux choses à la fois et choisit la course. Même si je suis brillant, je ne pourrai pas faire toutes ces activités sportives surtout que j'ai un examen à passer se dit-il. Vu qu'il doit participer au championnat, il installe une application qui lit ces cours. Quand il est avec ses amis, il met un écouteur de sorte à être en contact avec ses cours. Des élèves en classe de troisième, l'appelle afin qu'il les aide à comprendre plusieurs cours. Notamment en chimie, Mathématique …Il se donne la peine et veille à ce que ces élèves soient satisfaire en les quittant.

Béti lui lance un défi sur le jeu scrabble, il accepte car c'est aussi son passe-temps quand il est dans sa chambre. Il jouait contre l'ordinateur et allait de stade en stade. Chez Béti, ils sont très concentrés sur le jeu. Il la fouaille sans difficulté à plusieurs reprises. Voyant son cuisant échec, elle lui propose de jouer avec ses amis surtout Morris, un élève très brillant aussi. Il acquiesce. Son portable sonne, il décroche. Il fait plus de deux minutes au téléphone mais Béti remarque qu'il ne dit pas la vérité. Dès qu'il a raccroché, elle lui demande la raison de ses mensonges. C'est avec Monique que je conversais, si je lui disais qu'on est ensemble la connaissant, elle serait véritablement blessée. Ok répond-t-elle. Willy réussit à le battre mais reconnait en partant que Morris est très fort car il aurait probablement gagné s'il était face à un autre adversaire.

À son retour à la maison, Catherine lui fait savoir qu'elle a dit à Monique qu'il était avec Béti. Il est planté comme un arbre devant sa tutrice puis après quelques secondes, il monte dans sa chambre ne sachant que faire ou dire. Des pensées l'acculent et il se rappelle des conseils de son père : Chaque chose en son temps.

En cours, à la pause, il se déplace avec Monique pour prendre le déjeuner avec elle. Là, il présente ses excuses puis la rassure qu'elle ne doit pas du tout craindre. Elle comprend mais lui dire de ne plus lui mentir toutefois la seule chose qui la consolera est un baiser sur la joue. Dans sa tête, il se remémore son code d'honneur. Il pense à son père et sa mère. Il n'arrive pas à dire un mot même manger. Voyant qu'il souffre, elle change sa demande et lui demande de l'inviter après les cours au glacier. Rapidement, il accepte.

De retour en classe, tous trouvent Monique un peu bizarre, parlant un peu trop sans vraiment rien dire d'utile. Willy l'observe et dit : Qu'est-ce qui t'arrive ? Rien ! Répond-elle ! Les cours sont terminés, ils font un tour dans un glacier qui n'est pas loin du domicile de Monique. Après une bonne causerie au sujet de leur étude et avenir. Willy la laisse pour aller uriner dans les toilettes. Monique le suit et du coup, elle se rapproche de lui sans limite au point de lui donner des baiser sur le front, la joue et l'enserre. Elle commence à enlever ses vêtements supérieurs...Comme un homme qui a vu la mort en face, il la pousse et court au point de monter dans un taxi sans ses chaussures car elles étaient restées dans les toilettes à cause de la lutte.

A la maison Catherine voit un fils paniqué, apeuré qui cour pour entrer dans sa chambre. Le claquement de la porte de sa chambre fit un grand bruit. Sa tutrice aussi se dépêche pour le rejoindre. L'ayant pris dans ses bras et le questionnant, il lui explique tout. Ne sachant que dire, elle lui promet de parler à Monique et lui propose de nouveau les fiançailles avec cette dernière afin qu'il ne se voie pas en train d'enfreindre aux valeurs que son père lui a inculqué. Ensuite Elle descend.

Au salon, elle appelle Monique et entend une fille effondrée. Qui a-t-il ? Dit-elle ! Depuis que vous m'avez dit qu'il était avec Béti alors qu'il m'a fait croire qu'il était avec Kévine, je mange à peine, je ne vais pas en cours et je ne suis pas encore sortie de la maison. Aïe, comment ça ! Voici ce qu'il vient de m'expliquer... Surprise Monique lui dit que c'est certainement sa jumelle. Quoi, quoi, quoi...ta jumelle...explique moi un peu.

J'ai seulement dit à Marc que j'avais une jumelle qui vivait en Afrique du Sud à cause des études. Quand je lui ai parlé de Willy et notre relation, elle était très contente pour moi mais lorsqu'elle vit nos photos, elle est tombée amoureuse et m'a expressément dit qu'elle me le volera si jamais elle arrivait. C'est bien noté Monique, je vais tout régler une bonne fois pour toute.

Elle monte dans la chambre de Twenty puis lui explique tout. S'en revenant pas il dit : c'est pourquoi je la trouvais bizarre. Peut-être que c'est ce que Marc voulait me faire savoir à la veille de sa mort quand il me disait que Monique allait un jour me dire quelque chose de très important. Finalement Lui et sa mère arrive chez la famille Tom.

Devant le portail, la servante les fait entrer. Une fois au salon, la mère de Monique les reçoit. Il voit une Monique descendre, ils se regardent et ne disent rien. Elle vient les saluer et s'assoit auprès de sa mère. Catherine et son fils son perdu. Puis la seconde descend car elle a entendu la voix de Twenty. Catherine et son fils se regardent encore tellement la ressemblance est frappante. On aurait dit la main gauche et la main droite.

Jeannette présente ses deux filles en évitant des détails. Et fait sciemment en disant à Willy de trouver son ami de tous les jours s'il en est capable. Alors, il les regarde et cherche la plus triste et non celle qui lui fait des yeux doux. C'est ainsi qu'il se penche et choisit celle qui était du côté droit. Catherine et Jeannette se mettent à rire. Puis leur mère confirme que c'est Monique. Quant à l'autre, elle la présente : voici ma seconde fille Sandrine, la jumelle de Monique.

Après des échanges sur la situation Monique présente ses excuses à Willy. Les deux ce sont déjà, entendu au téléphone avant que Catherine arrive là-bas. Le lendemain, les fiançailles de Willy et Monique auront lieu chez les Dago dans un cercle restreint ; rien que les intimes. Elles se chargent des formalités : informer les membres des familles, la réception, les bagues qu'ils ne devront porter aux yeux de tous que s'ils sont mariés.

Willy et Monique vont dans le jardin pour une très importante conversation. Là-bas, il lui demande pardon car il ne voulait jamais lui faire de mal en lui mentant bien au contraire, il voulait éviter qu'elle soit dans un état de tristesse. Marc m'a fait promettre de t'épouser et de lui donner le nom de notre premier garçon. Monique pleure de joie et l'enserre dans ses bras. Il fait de même. Les deux mères à la fenêtre, rire se donnent des accolades en disant : on a réussi.

Tous sont informés, mais Richard tient à avoir un entretien avec son fils. Les deux font les cent pas et là, il lui pose des questions : As-tu déjà couché avec une fille ? Non ! As-tu déjà bu de l'alcool ? Non ! As-tu respecté notre code d'honneur ! Oui et à la lettre. Tu es digne d'être mon fils, je te bénis et je bénis tous ceux à quoi tu toucheras y compris mes petits-enfants. Les petits enfants, c'est après le mariage et c'est dans 4 ans au moins...dit Willy !

Le lendemain, il informe 5 membres du CPELE puis son proviseur. Il est 16h. Chacun se prépare car tout commence à 17h. Dago a mis le paquet. On aurait dit un mariage d'adulte. Boissons non alcoolisé, alcoolisées, champagne, gâteaux, nourritures...Près de quarante personnes sont présentent : Les familles Dago, Konan, Tom, Dubois, le proviseur, deux enseignants, des élèves, Béti...

La cérémonie commence, Willy est en veste, Monique dans une simple robe blanche pour témoigner sa virginité selon Richard. Dago fait la présentation des fiancés et avec la bénédiction, il les fiance. Tous son joyeux, c'est l'ambiance...Les fiancés sur la piste de danse, se donnent à cœur joie, Dago bougent et fait les pas de Pop très bien faits. Tous l'applaudissent. Richard dit en son cœur : Comment quelqu'un qui va quatre fois dans la semaine dans les boites de nuit ne saurait-il pas danser ? A la fin de la cérémonie chaque invité rentre chez lui à la maison.

Le petit Willy a changé, il n'est plus du tout la même personne. Le soleil radieux de la famille Dago brille sur lui en sorte que son comportement, sa manière de s'exprimer, de s'habiller, sa mentalité reflète l'aisance.

Sur internet, il suit des cours gratuits d'informatique. Pour lui le temps libre est pour la connaissance. Il voit des camarades qui s'éloignent du terrain de football et prennent la drogue derrière les fleurs. L'un d'eux l'appelle, il refuse catégoriquement. Depuis lors, il les a classés comme étant des personnes très dangereuses dont il faut se méfier. Par conséquent, il se fait rare sur l'espace de jeu.

Dans sa chambre, il a accroché un contre-plaqué d'un mètre carré sur lequel il a mis chaque matière et ses différentes notes, on aurait dit un célèbre enquêteur du FBI. Tout dessus il a écrit le bac en grand caractère et en bas il a relié ses matières de bases avec des fils attachés à des aiguilles. Lorsqu'il a 17/20, il redouble encore d'efforts. Il bosse plus qu'il ne joue. La semaine n'est pas encore terminée, il est déjà à son deuxième jour de nuit blanche.

A l'école certains professeurs décident de l'évaluer différemment de ses amis. Pendant que ses amis ont 5/20, 10/20 lui se retrouve avec 20/20. Quand ils donnent des devoirs complexes à toute la classe, il s'en sort toujours avec au moins 17/20 ou plus. Alors ils lui donnent un devoir digne de lui. C'est encore la même chose. Il triomphe avec brio.

Le CPELE a des espions dans chaque classe. Une élève de seconde se confie à sa camarade. Elle porte une grossesse d'un éducateur du premier cycle. Ne sachant que faire, celui-ci la conseille d'enlever la grossesse. Elle n'a pas obtempéré à ses ordres. Rapidement le CPELE est saisi par la meilleure amie de cette dernière. Des agents du comité vont rencontrer ce dernier. Après des échanges, il reconnait en présence de la jeune élève qu'il a fait d'elle sa copine en sorte qu'elle est enceinte de lui. Elle a expliqué en sa présence comment, il profitait d'elle. Il couche avec elle plusieurs fois dans la semaine soit dans son bureau, les toilettes ou dans un hôtel. Quand elle refuse de manger le fruit défendu, il endort avec des somnifères pour continuer d'abuser d'elle en sorte qu'au réveil, elle se lève avec des douleurs. Willy et ses amis en colère, l'emmène devant le proviseur afin que l'administration se charge de ce cas. Toutefois, ils auront un regard sur tout.

Les parents de la jeune adolescente sont saisis et le problème ce règle progressivement car les parents étaient décidés à porter plainte mais une solution simple fut trouvé. Les soins de la jeune fille seront pris en charge jusqu'à son accouchement et un montant d'un million lui seront versé. Le proviseur fait remonter le problème au niveau du ministère de l'éducation nationale. Cet éducateur est renvoyé avec une peine de deux ans de prison pour ses actes de criminalité avec une indemnisation de trois millions à la jeune élève.

Le CPELE fait passer un communiquer pour que les élèves abusés par les professeurs puissent se signaler afin que des solutions efficaces soient trouvées. Sans tarder, le professeur connu sous le nom de réparateur de jeunes filles en panne est indexé. Il a à son actif 50 élèves dont 17 ont dû enlever leurs grossesses sous ses ordres et cinq sont enceintes. Il doit son succès à l'augmentation des moyennes et notes suivi d'argent si possible. Celui-ci est rapidement arrêté, renvoyé et emprisonné par les autorités et doit payer une indemnité de cinq millions à celles qu'il a fait avorter et enceinter. Un élève saisit le comité pour dénoncer une professeure qui par ses relations sexuelles avec son ami l'a fait sombré dans la médiocrité en sorte qu'il ne se retrouve pas. Celle-ci dénoncée, fut emprisonnée à un an de prison pour avoir abusé d'un mineur de 17 ans.

Tous commencent à craindre le CPELE. Depuis le règlement de ses problèmes, un respect total nait entre le corps enseignant et les élèves voire même entre les élèves.

Ce sont les éliminatoires, il est accompagné par son professeur d'EPS. Il est face à des personnes bâties et corpulentes. Un attire son attention à cause de son émaciement et ses longues jambes. Ils se positionnent puis se lance au signal. C'est tendu, difficile de dire qui va le remporter mais au soixantième mètre, Twenty termine premier tel un tgv en pleine vitesse. Son professeur est content et lui dit : « tu seras peut-être un grand champion comme le plus grand coureur du monde ». Les compétiteurs se saluent et se félicitent. Willy est le plus jeune. Chaque entraineur rentre avec son athlète.

Le soir après avoir étudié, il regarde plusieurs vidéos sur ce champion du monde. Son désir de courir à l'international prend forme. Le lendemain, il voir son prof afin d'être mieux formé surtout sur sa vitesse de départ. Celui-ci accepte et l'entraine au bord de la mer dans le sable…

Dans la soirée du samedi, il est chez Béti pour jouer au scrabble. Plusieurs sont persuadés que même s'il est très intelligent ce jeu reste quelque part un mystère pour lui. À peine qu'il affronte son premier adversaire, il joue des mots très inconnu. Ce qui fait qu'à tout moment, ses adversaires fouillent dans le dictionnaire. Aucun fait le poids toutefois ils avaient leur Goliath. Il est très habile. Leur duel est comme un match de football ; lorsqu'un marque des points, l'autre s'arrange pour faire de même. Tous sont surpris qu'il tienne tête à leur champion. Finalement Willy lui assène le coup final qui lui donne 5 points de plus. Tous le respectent car il les a tous battu. Béti n'en attendait pas moins de son ami et l'accompagne au portail afin qu'il rentre chez lui.

Le lendemain dans sa cité, il assiste au jeu de dame. Quatre personnes s'affrontent ; le perdant ne se lève pas jusqu'au passage des quatre. Mais toutes les fois qu'il perd, il boit deux verres d'eau salée. Florent a perdu, il vient de boire les deux verres. Il perd encore mais il a du mal à boire le quatrième verre. Il se lève remue son ventre et l'ingurgite. Au troisième duel, il lutte en rotant pour ne pas perdre mais il est battu. Ses yeux rougissent ; ses amis se moquent puis lui font grâce. Il veut au moins vaincre un adversaire et décide d'affronter le dernier. Tous deux se retrouvent avec un pion sur le damier. Malheureusement, il perd encore et boit les deux verres d'eau. Ils arrêtent le jeu mais Florent rote… Willy se met à rire et dit : nos ainés ont des chatoiements très sévères et rocambolesques.

À deux jours de l'examen blanc, Willy rassemble les membres du CPELE surtout ceux qui ont un examen à passer et les somme d'avoir au moins la mention bien. Visez toujours haut en sorte qu'en atteignant pas votre objectif vous puissiez figurer parmi les moyens. Mais si vous visez le moyen vous risquez de vous retrouver avec la mention des nuls. Ensemble, ils récitent le texte d'honneur d'un élève. En classe, le professeur d'anglais forme des groupes d'exposé de 6 personnes avec des thèmes. Le groupe de Twenty dont fait partir Monique choisi le racisme. Tous doivent préparer leurs exposés et passeront après l'examen blanc.

Le soir, il envoie un message à Monique lui disant de viser les 20/20 dans n'importe quelle matière. Elle lui promet d'en être digne. L'examen commence par les oraux. À L'orale d'anglais, il choisit le texte sur le SIDA. Après la préparation du texte, le prof l'appel. Il lui demande de lire le texte. C'est chose faite mais l'enseignant est surpris de sa maitrise de la phonétique. Il lui dit que les jeunes sont beaucoup exposés au SIDA. Comment faire pour réduire ou éviter le nombre de séronégatif ? Lui dit-il ? Twenty répond avec maestria. Mais le professeur s'en prend à l'une de ses réponses. Si tu dis qu'on doit s'abstenir avec ce qu'on constate aujourd'hui. Peux-tu dire que tu es puceau ? Oui répond Willy ! Le professeur lui dit d'arrêter de mentir. Non seulement tu es beau, tu as un corps d'athlète et tu es intelligent lui dit-il. Willy reste sur sa position. Il se tourne vers son collègue et lui explique la situation. Son collègue corrobore les dits de Twenty et insiste en disant qu'il est prêt à mettre sa main à couper car le connaissant c'est un modèle, un très bon élève, un élève exemplaire. Son interrogateur ne veut pas le laisser partir et cherche au moins à voir une faille. Pour finir, il change de sujet et parle de rabais du prix de cacao qui affecte l'économie des planteurs. Les deux causes comme des collègues. Il décide de lui donner 20/20 mais plusieurs ne comprendront pas ainsi. Se dit-il. Devant lui, il met 19/20. Quand il sort ses amis le félicitent en lui disant qu'il a l'accent anglais mais le professeur à un accent africain-anglais. Il apprécie l'orale de français car le texte est extrait du Roman d'un écrivain de la période de l'après colonisation. Lui et le professeur se retrouvent au même niveau de compréhension en sorte qu'ils emplois les mêmes mots, ils se complètent dans leur raisonnement. Pour finir, ils sortent du cadre des questions relatives aux textes étudiés en classe et lui demande ce qu'il pense de ce roman. Il soutient l'auteur en lui disant que l'homme noir est comme quelqu'un à qui on a donné la gestion d'une plantation pour s'occuper de ses frères et sœurs ; qui décident de s'approprier tout en laissant ses frères dans la faim au profit de son ventre. Puis il ajoute, on espère que cette nouvelle génération fera de l'Afrique un continent fort comme les Etats-Unis, les puissantes nations d'Asie et d'Europe. Le professeur à tout compris, il lui serre la main et dit : « j'ai entendu parler de toi mais c'est aujourd'hui que je te vois en action ; tu es fort». Monique le rejoint et le trouve calme. Qui a-t-il? Lui demande-t-elle ! Ça va, je suis un peu fatigué. Ils décident de renter ensemble après les oraux. Dans le taxi qui les ramène à la maison, Monique lui demande de se trouver un ami comme Marc. Où vais-je le trouver ? Il est irremplaçable mais je sais ce que je dois faire et je suis convaincu que Marc l'appréciera. De quoi veux-tu parler ? Dit-elle. Je vais créer une page d'aide aux élèves avec le profil de mon compte sur le réseau social. Il le fait en moins de 15 minutes.

La semaine des oraux est passée maintenant c'est celle de l'écrit. Tout se passe bien. Seulement des surveillants étaient étonnés de voir plusieurs élèves qui avaient vite fini mais personne ne sortait. C'est au son de la sirène qu'il sorte comme si n'avait avait rien fait. Toutes les épreuves prennent fin au quatrième jour.

Il informe le CPELE de l'activité qu'il aimerait faire pour aider les élèves depuis sa chez lui. Tous valident et font un petit communiqué de sorte que l'information soit relayée dans chaque classe. En moins de trois jours, il était déjà à plus de 2000 élèves qui s'était abonnés et aimaient sa page.

Chaque groupe a droit à 15 minutes. L'excision est le thème du premier groupe qui est en train de passer. Un élève joue le rôle de père de famille et une élève sa femme qui sont enfouis dans les pratiques traditionnelles. Ils décident de transmettre ses valeurs à leur fille qu'ils doivent exciser obligatoirement. Son oncle soutien ses parents. Quant aux trois autres élèves, ils doivent éviter ses pratiques barbares et animales à travers la diplomatie pour convaincre les parents de cette fille à être dans le monde moderne. De discutions à disputions, de menace à coup de poings, d'injures à des crachats au sol… sont les attitudes des parents. Mais avec tact, ils finissent par les convaincre. Evitant ainsi l'impensable en convertissant l'archaïsme au modernisme, le villageois au citadin, l'analphabétisme à l'alphabétisme. Ils sont ovationnés. Plusieurs autres groupes passent. Le proviseur dans sa joie appelle Twenty en secret dans son bureau pour seulement deux minutes et l'informe que l'école risque de faire 100% aux examens blancs car les correcteurs lui donnent de bons résultats. Willy très heureux, prend un air de déception. Qui a-t-il lui dit le proviseur ? J'ai toujours cru que nous sommes tous intelligents mais c'est la façon qu'on a de nous en servir qui fait la différence. Ainsi j'ai inculqué ma façon d'étudier aux lycéens de notre établissement et je constate qu'il y a de bons résultats. C'est la raison pour laquelle, je t'ai appelé pour te dire que ça paie et ça continue de payer. On risque de faire ce qu'on n'a jamais fait depuis la création de l'école. Aux environs de 10 h, Willy va chercher le cahier de texte dans la salle des profs. À deux mètres de l'entrée, il s'arrête et entend les professeurs parlé d'un élève qui était sur le point de faire 100% à l'examen. L'un d'entre eux prend la parole et les rassure que c'est Konan Willy mais l'information ne doit pas être communiquée. Il se retourne et va dans les toilettes. Là-bas, il savoure son résultat mais adresse une prière : puisse les autres candidats être admis aux examens Seigneur, accorde ta grâce. Il entre dans la salle des professeurs et prend le cahier de texte. Soudain, il entend mon ami ça va ! Oui répond t-il ! Il les entend derrière lui, c'est lui la perle rare, Konan Willy.

En classe, il ne dit absolument rien de ce qu'il avait entendu. Le CPELE colle au tableau d'affichage des programmes d'études et des exercices. Tous ceux qui les traite les déposes au bureau du CPELE et reçoivent la correction dans leurs classes respectives.

Deux semaines sont passées, il est 9h30, tous les élèves particulièrement ceux des classes d'examen sont priés de se rassembler en face de la salle polyvalente pour les résultats des examens blancs. Ils commencent par donner ceux des classes de troisième avec un total de 685 admis sur 700 et 15 absents. Quant à ceux de la terminale, Willy vient en tête avec 395 points, il est fortement ovationné avec des cris, des sifflements suivis de son sobriquet. Un autre le suit avec 320 points et 300 points pour Monique ... aucun élève n'a échoué à son examen en terminal. Tous sautent de joie et s'applaudissent. Le proviseur content exige la récitation du texte d'honneur. Tous mettent leurs mains sur leurs torses et le récitent avec joie. L'administration met la musique et les élèves se déchainent dans des pas de danse de toute sorte. Le corps enseignant s'y met y compris l'administration. Willy lève ses yeux vers le ciel et dit : Marc j'aimerais être là avec toi me réjouissant dans tes bras, sautant ensemble. Tu me manques, tu me manques...et il commence à pleurer. Le proviseur dans le micro lui demande de monter auprès de lui, soulève sa main et lui dit merci au nom de l'administration puis lui demande dire quelque chose. Il regarde ses amis et tous ont les yeux rivés sur lui, puis il dit récitons ensemble le code d'honneur de l'élève. Dans un silence absolu, on aurait dit une grande armée qui crie en chargeant l'ennemi. De la 6è à la terminale tous sont en train de réciter. Les vigiles, les vendeuses de nourriture à l'entrée de l'école et les techniciens de surface la main sur leur poitrine, récite avec vie. Après la récitation, Willy fait son discours en ces termes : Nous nous sommes fixés un objectif et avons mis tous nos efforts pour atteindre cet objectif ; c'est chose faite aujourd'hui ; reproduisons la même chose pour l'examen rouge et soyons tous admis pour notre avenir …

Le CPELE est fier de ses activités qui présentent des résultats indiscutables. À la maison Monique exprime sa joie devant son père et sa mère vu le nombre de points qu'elle a eu. Elle est la troisième de tout l'établissement. Et Willy lui demande sa mère ? Toujours à la tête avec un total de 395 points. C'est un élève très brillant, il a tout ce qu'un parent souhaite à son enfant. Elle les informe aussi qu'il participe à une compétition de course inter-école sur le plan nationale. Il a gagné le premier duel. Ce petit ne cessera de nous étonner dit son père. Catherine de son côté, a déjà été informée par Monique lorsque les résultats ont été proclamés. Il rentre à la maison après avoir passé son temps dehors avec Kévine.

Une petite réception est organisée à son honneur. A table avec ses parents, Béti lui envoie un message afin de le féliciter car elle a vu son résultat sur la page de leur école.

Le lendemain, il va très tôt le matin dans la salle de gymnastique pour s'entrainer et forger son corps… Il a remporté trois victoires de course de vitesse, il est en demi-finale. Dago décide d'aller encourager son fils. Ce jour-là, il y a des personnes qui assistent à la course. Richard est étonné de voir où son fils pouvait arriver. Le départ est donné, Dago se lève dans les tribunes et encourage son fils jusqu'à ce qu'il termine premier. Il n'attend plus que la finale.

Dans la voiture, Dago le félicite, ils se rendent dans une entreprise de vente de vêtements de marque et achètent plusieurs tenues sportives pour Willy, Richard et lui. Le dimanche dans l'après-midi, les parents de Monique y compris la famille Dago se rassemblent au terrain afin de faire un peu de sport. Richard est en tenue sur la demande de son patron pour prendre part aux activités. Ensemble pendant plus de 1heure, ils font plusieurs fois le tour du terrain. Ensuite, ils font des étirements. Ils sont au nombre de 6 garçons : Dago ses deux fils, Richard, Willy y compris le père de Monique. Ils se mettent en position de course de vitesse. Monique s'adresse à Catherine et Jeanne en ces termes : il va les décourager, vous verrez par vous-même comment il court. Dago défie Willy y compris le père de Monique. Les deux pères s'entendent pour le vaincre. Catherine donne le signal, Willy est dans son sérieux, il les laisse tous derrière et fini premier. Les deux doyens sont les derniers et Richard finit deuxième. Les deux décident de compétir à nouveau contre Willy mais selon leur règle. La distance est 80 mètres. Le père de Monique commence la course vu qu'il est un peu jeune et Dago l'attend au quarantième mètre pour l'achever ; un peu comme la course de relai. Willy demande son second, ils refusent. Tu es seul disent-ils ! Dago va te positionner et attend le départ. Richard commence 5, 4, 3, 2, 1 ,0, partez ! Willy met une grande distance entre lui et le père de Monique. Dago voyant que son second met du temps à arriver prend de l'avance en courant mais Willy le rattrape et le dépasse. Derrière eux tous sont en train de se désopiler. Les deux s'avouent vaincus. Ils s'asseyent au restaurant qui est à côté afin de s'altérer en soda. Le petit est fort...il est vraiment fort... on est fatigué...on a fait du chemin...se disent-ils !

Le lendemain au cours, c'est au groupe de Willy de passer pour l'exposé d'anglais. Ils se mettent en place et commencent. Willy est le PDG d'une grande entreprise qui traverse des moments difficiles. Etant raciste lui et sa femme n'embauche pas de noir. Des responsables, jusqu'au ouvrier ce sont des blancs. Dans la journée comme dans la nuit, le problème de sa firme coupe ses heures creuses et son sommeil. Un jour alors qu'il est dans son bureau avec sa femme, la secrétaire est en vive discutions avec un nègre en quête d'emploi qui a pu passer la sécurité sous prétexte qu'il a pris un rendez-vous avec leur boss. Celui-ci ne veut pas bouger sans qu'il ne voie le responsable. Une technicienne de surface, le prie de partir car le patron se battra avec lui si jamais il le voie. Il refuse toujours de partir. La femme du PDG sort du bureau. Pensant rêver, elle pose la question de savoir : qui a envoyé un tel animal chez eux ? Voyant que personne ne répond, elle lui demande de dégager de l'entreprise. Il refuse de sortir. Connaissant l'attitude brutale et offensante de son mari à l'égard des noirs, elle le tire par la chemise mais il refuse de bouger. Alors elle va dans le bureau de son mari et lui explique la situation. C'est à peine si elle a fini de parler qu'il est devant ce nègre. Tous ceux qui sont autour demandent pardon au PDG mais il refuse et serre les colles de ce dernier. Qui a-t-il ? Laisser moi mais qu'est-ce que j'ai fait demande le noir ?

Trimbalé par le PDG, ses dossiers tombent. La femme du PDG, les ramasse et en les rangeant, elle constate qu'il est la solution au gros problème que traverse leur entreprise. Avec les autres employés, ils arrivent à calmer le patron mais le noir a le pantalon déchiré en sorte que son slip est visible. Mari la femme du chef prend son mari de côté et lui signifie que le monsieur est la solution au problème que traverse l'entreprise. D'où sorts-tu cela? Dit-il. Regarde ses dossiers notamment son curriculum Vitae. Après lecture, il constate que ce noir est le vaccin au virus qui nuit à sa startup. Il l'appelle de côté et lui demande si ces diplômes l'appartenaient vraiment ! Oui répond-il ! Devant tous, il s'excuse et explique les problèmes qui minent son entreprise : fuite d'argent. Le nègre lui donne un stratagème de pointe qui l'éclaire et résout plus de la moitié des difficultés. Aussitôt, il l'engage. Tous les employés applaudissent et remercient leur chef. Il s'exprime en ces termes : le racisme est une cataracte qui lorsqu'elle est enlevé, te permet de mieux voir les choses avec précision, de voir que l'homme noir est aussi un homme au même titre que l'homme blanc. À la fin les exposants, montre que peu importe le continent d'où vous venez vous êtes soumis à la loi et la loi ne connait ni blanc, ni noir ; un jardin est beau quand il y a plusieurs fleurs différentes qui s'épanouissent ensemble. Ils sont ovationnés par leurs amis, professeur et d'autres élèves qui suivaient les scènes.

C'est la finale de la course de vitesse. Twenty est au palais des sports de la ville. Plusieurs sont présents pour le soutenir : sa famille, des amis et la famille de Monique. Cette fois-ci ses adversaires n'ont rien avoir avec les précédents. Ils sont plus grands et musclés. L'un d'eux à de gros mollets avec des nerfs qui les traversent à vue d'œil. Plusieurs le nomment Djobala. Par rapport à Twenty, c'est comme dans la boxe ; un représente les poids lourds et l'autre les poids légers. Il est dans une tenue dont le haut est blanc et le bas noir. Il regarde ses supporteurs dans les tribunes qui l'encouragent. Ils se mettent en position.

Le signal est donné, chacun court à vive allure. Ils sont très collés en sorte qu'on ne peut pas se prononcer. C'est le suspens dans les tribunes, ce sont des cris puis un silence car trois coureurs arrivent presqu'ensemble. On aurait dit Usain Bolt, Justin Gatlin et Christian Colman lors de la finale à Londres. Qui d'entre les trois a gagné ? Les gens sont incapables de déclamer. Sur l'écran géant, on voit Willy qui de justesse fut le premier à mettre son pied après la ligne d'arrivée. Twenty est victorieux. Tous ses parents, amis, connaissances et les autres supporteurs cris de joie et le félicitent. Sur l'estrade des vainqueurs, il reçoit sa médaille d'argent avec une enveloppe de 200.000 francs suivi d'un trophée.

Après avoir fait un saut à la maison, ils se rendent dans un grand restaurant du pays de renommée nationale. La décoration, les verres, les plateaux et les assiettes témoignent de la grandeur de l'endroit. Des plats à couper le souffle avec des cabris, moutons braisés entiers vendus. Mais le salon VIP est autre chose pourtant c'est là que Dago a fait la réservation de sa famille et de ses invitées. La terrasse brille et glisse à cause des carreaux de prix. Les fauteuils sont en cuirs et les tables sont vitrées. Ils prennent place puis dégustent un cabri entier grillés avec de l'attiéké et du riz. Il y a aussi du foutou avec la sauce graine ; des frites avec la salade...Chacun fait son choix et remplit la pense. Subséquemment Dago se déchaine et danse comme un artiste. Il se tourne et fait comme s'il a amorti un ballon ; jongle, fait une reprise de volée, saute et penche sa tête comme s'il envoie un ballon dans les filets. Catherine le regarde avec un air étonné : une façon de lui dire qu'il exagère. À sa grande surprise, il vient la chercher et ensemble ils dansent. Du coup c'est le zouk qui passe, les présents attrapent la hanche de leur compagne. Monique regarde Twenty mais il va s'asseoir. Je n'aime pas cette danse dit-il à l'un de ses amis. Il est 17h, chacun rentre au bercail. Le lendemain, Twenty est félicité en classe par tous ses amis.

Trois jours après, Willy reçoit un coup de fil de son professeur d'EPS lui disant qu'il a été sélectionné pour compétition nationale de course de vitesse des moins de 18 ans. Il accepte et en parle à Dago qui valide. Il inscrit son fils dans une salle de gymnastique afin qu'il soit spécialement formé sans compter qu'il suit déjà un entrainement avec son professeur.

Les éliminatoires des interclasses ont commencé. Sa classe joue contre la première A. Ne sachant pas du tout jouer au football, Willy ne fait pas partir des joueurs sélectionnés sur demande. Mais voyant que sa classe est mené 2-1, ses amis sollicitent son aide. Il entre sur le terrain. Monique ne s'en revient pas car elle sait qu'il ne sait pas du tout jouer. Sur le terrain, c'est un dépaysé que tout le monde voit. Soudain son équipe a un corner, il court se mettre au point de penalty. L'un de ses amis, de sa tête, envoie la balle qui tape le poteau du côté droit et va vers Willy. Il frappe le ballon de toute sa force et égalise. C'est la joie, tous accourent pour le féliciter et le soulèvent. Monique surprise se met à rire car elle sait qu'il a tiré comme ça. Le match reprend. Voulant se jouer au grand footballeur professionnel, il est sérieusement touché à la cheville. Il se tord de douleur. Ses yeux rougissent, il coule des larmes. Il ne peut pas se lever. Au dos de son professeur, Il est rapidement conduit à la clinique la plus proche. Les premiers soins lui sont administrés.

Dago est dans tous ses états après avoir reçu l'information. Sur les lieux, il questionne tous les présents parmi lesquels son Monique, leur professeur et Kévine. Ils lui expliquent tout dans les moindres détails. C'est compris mais mon fils sera un magnat des affaires et non un footballeur ou coureur. Dit son tuteur. Une façon pour lui de se consoler. À peine Dago a fini que sa femme est présente et cherche son bambin adoré. Elle est conduite auprès de lui. Très inquiète en voyant les bandes sur la partie touchée, elle louvoie : Que s'est-il passé ? Qui ta fait ça ? Pourquoi mon Willy ? ...

Le docteur la rassure que son fils n'a rien de casser seulement il va devoir se reposer pendant au moins deux semaines. Puis il lui prodigue des conseils : arrêt de toute activité sportive sur au moins deux mois, faire quelques séances de marche avec et sans les béquilles... Cette situation mis fin à sa carrière d'athlète. Mais tous ceux qui étaient sur place furent ahuris de l'attention de ses tuteurs. Dago le mis sur son dos car il ne pouvait pas accepter qu'il se déplace avec les béquilles. C'est à bord de leurs voitures Range Rover L322 et Range Rover sport 1 qu'ils rentrent. Richard ne pouvait absolument rien dire devant les actes de ses patrons. C'est avec un mouchoir qu'il rattrape ses larmes qui coulent sur sa veste.

Catherine le confine à la maison pendant trois jours. Cette fois, elle est virile. Durant ce temps, Monique passe après chaque cours pour lui remettre et expliquer tout ce qu'ils font en classe. Des fois avec la permission de certains professeurs, elle fait un appel vidéo et lui permet de suivre aussi en direct les cours. Toute sa classe apprécie qu'il suive les cours en direct comme elle même s'il n'est pas présent. Tous ses professeurs le saluent et lui souhaite un prompt rétablissement.

Quant à lui, cette situation le met en rogne. Toutefois il trouve le moyen de ne pas se rebuter. Les cours ce n'est pas seulement en classe. Se dit-il. Il télécharge des cours sur internet, les bosse puis fait des exercices et devoirs comme s'il est en classe avec ses amis.

Après deux semaines, son état s'est considérablement amélioré. Il est de retour en classe. C'est sur des ovations que tous l'accueil. Sa classe l'aimait vraiment. Le CPELE est ravi de voir son chef.

Il a pu rattraper toutes les interrogations et devoirs qu'il n'a pas pu faire avec d'excellentes notes.

À la maison son père biologique l'appel pour avoir un entretien avec lui. Richard lui explique un fait qu'ils viennent de vivre dans son quartier. En réalité, un homme très malade n'a pas eu l'assistance de sa famille comme lui et sa petite le souhaitait. Sa femme se battait pour acheter ses médicaments par son commerce de fruits sur des étals. Ses recettes journalières était très insuffisante car il fallait à la fois s'occuper des enfants, du malade et payer les charges mensuelles : loyer, factures d'eau et d'électricité. Son mari travaillait à son propre compte et n'avait pas d'assurance. Dans sa souffrance, il recevait souvent des visiteurs.

A la maison ce n'était pas facile pour sa femme qui doit tout faire seule. Certains parmi les visiteurs donnaient au moins de quoi soutenir leur ami.

Le soir du jour suivant, j'entendais des pleures venant de leur cour. En m'approchant, un voisin m'informa que ce dernier venait de mourir. J'eu mal au cœur car je pensais aux six enfants qu'il laissait derrière lui avec une femme qui a très peu de moyen pour garantir l'avenir de ses enfants. Mais le lendemain, les parents, amis et connaissances venaient pour saluer la famille endeuillée. Au passage, ils laissaient plus d'argent que la veuve n'en a jamais eu. Tout était en abondance : la nourriture, le soutien...Elle-même commençait à couler les larmes car selon elle si elle avait eu ne serait-ce que le quart de ce qu'elle disposait son mari serait en vie.

Ses enfants ne s'en reviennent pas vu tout ce qu'ils ont eu après les dons. Ils les traitaient de gredin. Il n'y a pas eu de funérailles, le corps avait été enterré le même jour. Un fait marqua tout le monde. Le propriétaire de la maison qu'ils habitent a laissé le mois d'arriéré plus le mois en cours c'est-à-dire qu'il les fait cadeau de deux mois. Tous ont salué, cette largesse. C'est un comportement que bon nombre d'africains ont mais en tant que mon fils promet moi que tu n'agiras jamais comme ce genre de personne. Tu seras toujours là pour tes parents, amis et connaissances quelque que soit ce que tu auras y compris la disponibilité de ta personne, témoigner ta chaleur parentale ou amicale. L'amour de son semblable est la clé de la vie. Merci papa pour ces précieux conseils que je vais appliquer et enseigner à tes petits enfants aussi.

Vu que les examens approchent, le CPELE fait des nouveaux programmes d'études en fonction des matières pour chaque niveau : terminale et troisième. Par exemple pour la terminale A, les samedis de 8h- 10h30 Philosophie, 10h30- 12h Français. Dimanche de 14h-16h Histoire-Géographie… Les différents chefs de classe publient les programmes dans les différents groupes des réseaux sociaux. Dorénavant les candidats aux examens ont des attitudes très différentes ; tous se concentrent.

Le CPELE décide de faire une scène théâtrale sur la tricherie. En réalité pour préparer les candidats aux examens et aux sanctions qu'ils risquent d'encourir au cas où il est écrit fraude sur leur copie. La date est fixée, tout le lycée surtout les participants aux examens sont aux premières places, impatients de tout voir débuter.

Ils voient des élèves assis dans une classe d'examen. Puis le surveillant se met à distribuer les épreuves. Chaque élève reçoit sa feuille et se met à remplir l'entête. Le départ est donné par les examinateurs tout en disant chacun pour soi, Dieu pour tous. Ils sont au moins 10 candidats à composer dont cinq garçons et cinq filles. Un élève plie la manche de son polo et voici écrit sur son bras des réponses qu'il regarde tout en le repliant afin que personne ne s'en aperçoive. Deux filles font monter leurs jupes légèrement afin de laisser apparaitre ce qu'elles ont misent sur leurs cuisses. Plusieurs ont des feuilles sur lesquelles sont écrites les réponses qu'ils ont enlevé de leurs chaussures, sous leurs chemises, même de leurs dessous pour les positionner comme étant leur brouillions. D'autres sortent leurs portables de leurs pantalons, sous leurs chemises, de leurs dessous, soutien-gorge et une jeune fille soulève sa perruque puis enlève son portable alors qu'il est formellement interdit de composer avec un portable sur soi. Un seul n'en boite pas le pas mais il est rapidement aidé par l'un des surveillants.

Les surveillants leur donnent le feu vert de communiquer entre eux et s'accouder. Ensuite ils leurs soutirent de l'argent. Au moins 5000 francs chacun. Ils passent dans les rangées vérifient les réponses puis leur apporte leur aide et font circuler une feuille qui est en réalité la correction du sujet par l'un d'eux car il avait pris la peine de le traiter rapidement.

Des parents bien que absents sont contactés par leurs enfants dans la discrétion sur l'ordre des surveillants afin qu'ils participent aussi à cette tricherie en promettant une somme conséquente qui va entre 100.000 et 200.000 francs si jamais ceux-ci permettent à leurs enfants de s'en sortir. Ils acceptent et échangent les contacts en sorte que les surveillants reçoivent des sms de dépôt d'argent via mobile money pour les mettre en confiance. Dans l'SMS figure le nom du candidat, son numéro de table avec la précision du nom du parent.

Après avoir montré toutes les manières possibles de tricher ou favoriser la tricherie avec l'implication des candidats, surveillants et parents, ils en viennent maintenant à la conséquence : l'échec.

A ce niveau ils présentent l'échec à l'examen et l'échec de la classe d'examen. Une personne qui triche n'a pas encore le niveau de sa classe, n'apprend rien et se prépare à un avenir monstrueux. A quoi sert d'avoir un diplôme si vous n'avez pas la compétence ou la formation qui vient couronner votre travail ? Même quand vous serez recrutés par une entreprise à cause du diplôme, vous serez renvoyés car vous n'avez pas la compétence et vous échouerez aux concours du cycle moyen, moyen supérieur ou supérieur.

Il y a pire encore car si vous êtes pris en train de tricher vous ne passerez pas l'examen pendant au moins cinq ans. Vos portables seront confisqués et vous ferez la une des médias soit à la télévision soit sur les réseaux sociaux.

Pour accentuer et les emmener à faire fi de la tricherie, ils montrent comment ils pourront être saisis. L'un des surveillant peut-être un policier ou un agent du ministère de l'éducation nationale présenté comme surveillant pour dévoiler les tricheurs. Un élève pourrait être un faux candidat c'est-à-dire un lycéen présenté comme candidat mais chargé de repérer les tricheurs et les dénoncer. Une caméra dissimulée dans une salle peut filmer toute activité malsaine. L'erreur des réponses similaires (copies conforment) ou des idées identiques dans les matières littéraires...

Les candidats sont saisis par la scène y compris les professeurs parce qu'ils ont compris qu'ils s'exposaient à de lourdes sanctions si jamais ils sont pris la main dans le sac.

A la fin ce sont des tonnerres d'applaudissement car le sketch a été très instructif. Tous se lèvent et récitent le code d'honneur de l'élève. Chacun rentre chez lui à la maison.

Le soir, ils sont en pleine étude. Monique est au tableau pour l'introduction sur une dissertation de la bipolarisation du monde. Willy reçoit plusieurs coups de fil de la part de plusieurs parents d'élève qui le remercient pour son excellent travail qui change leurs enfants.

Le lendemain, ils voient ses amis du quartier rouler dans des voitures hors de prix alors qu'ils sont des élèves. C'est vrai que leurs parents ont les moyens financiers mais ils se sont achetés leur propre voiture. Quand il les approche pour en savoir plus, ils ne lui cachent rien. Nous sommes tous des arnaqueurs « brouteurs ». Là, il se remémore les paroles de son père : tu ne marcheras jamais avec ce genre de personne qui pillent les biens que plusieurs ont gagné au prix de la sueur de leur front. Tu ne recevras rien d'eux ou ne mangeras rien de ce qu'ils achèteront. C'est ainsi qu'il prend la route pour s'en aller.

Deux jours plus tard, l'impensable s'est produit. Une jeune fille a été retrouvée morte dans un caniveau avec des parties de son corps enlevé : ses seins, son sexe… Plusieurs sont indignés à cause des pratiques rituelles et d'autres trouvent que l'amour de l'argent l'a finalement perdu.

Un ancien arnaqueur « brouteur » explique qu'au par avant, il fallait se servir de son intellect et duper sa victime mais depuis un temps, ils se sont rendus compte que leurs proies ont pris des dispositions pour leur échapper. Par conséquent ils font recours à des forces malveillantes (mysticisme) pour les amadouer. Ce qui explique aussi ses disparitions soudaines ou mort troublante d'enfants et jeunes filles.

A la maison Willy reçoit un appel d'un élève en détresse qui dit : aidez-moi mon père bat ma mère, elle saigne du nez, elle suffoque, c'est terrible…puis des pleurs. Calme-toi, dit-moi ton nom et ta classe. Ce qu'il fait puis la ligne se coupe. Il localise le téléphone via une application et se fait accompagner par Monique et Kevine qui le retrouve chez lui. Il leur a fallu seulement vingt minutes pour arriver chez l'élève en question.

Ils sont dans un quartier aisé appelé: la cité des millionnaires. L'application indique la 45è villa. Il sonne mais personne ne répond car tous sont apeurés dans la maison. Willy frappe avec son poing trois fois. Finalement le père de famille sort et vois des enfants devant son portail.

Bonsoir Monsieur Yao !
Bonsoir !
Nous voulons voir notre ami Franck !
Entrer s'il vous plait.

A l'intérieur, ils voient un père souriant mais une maison triste. Franck tes amis sont là ! Dit Yao. Ne comprenant rien, il sort et voit quelque membre du CEPELE avec leur responsable. Il court et saute dans les bras de Willy mais il est tout tremblant car il est tétanisé par la violence de son père en vers sa mère. Il décide d'aller dans le jardin et s'asseyent autour de la table d'étude.

Monique main sa main sur lui ainsi que les deux autres afin de le réconforter. Après deux minutes, il essuie ses larmes et raconte tout. Mon père a des crises de colère, qui le mette hors de lui et ma mère paie toujours les frais. Pour rien, il peut la tabasser. Elle l'aime et fait tout pour qu'il soit heureux et évite de mettre sa nudité dehors. Elle est exemplaire, forte mais lui une entrave à notre éducation et un frein pour nos études. Je n'arrive pas à étudier, ma petite sœur s'enferme dans la chambre dès que tout commence. Souvent quand je vais pour éviter qu'il lui porte main, il me roue de coup jusqu'à ce que je quitte devant lui. C'est difficile, je n'en peux plus, je souffre, aidez-moi…

Willy se lève et le serre dans ses bras afin qu'il verse ses larmes sur lui et soudain, lui aussi pleure. Kevine se dit en son cœur : c'est vrai que je suis pauvre mais je n'ai pas vécu pareil situation, vraiment, vraiment…comment améliorer ce monde ? Après lui avoir remonté le moral, il passe un temps avec lui et sa sœur qui les avait finalement rejointes. Monique s'éloigne d'eux et revient après une quinzaine de minute.

On sonne au portail dit Yao ! La servante va ouvrir. Soudain, Willy voit sa tutrice et la mère de Monique. Au salon, entre parent, ils discutent mais chose surprenante. Yao reconnut Catherine et devint petit devant elle. Yao dit-elle ! Boss je suis très heureux de vous voir. Qu'est-ce qui se passe ici? Il tâtonne sur les mots

...sa femme explique tout et il confirme. A tour de rôle les deux femmes lui donnent des conseils et règle le problème. Ensuite les enfants sont appelés au salon. Catherine lui présente son fils Willy et ses amis. Puis lui explique pourquoi ils sont arrivés chez lui et comment elles sont aussi arrivées dans sa maison. Devant tous, il promet de changer ce comportement et faciliter l'éducation de ses enfants.

Il les convie à un repas mais elles déclinent pour une prochaine fois. Tous rentrent satisfait. Catherine est fière de son fils.

Depuis un certain temps Kevine n'a plus de soucis et ne dort plus dans une maison en bois. Dago a fait un prêt de 2.000.000 à sa mère afin qu'elle entreprenne pour s'occuper de ses enfants. Elle a cinq ans pour le remboursement.

Franck a expliqué la situation qu'il vivait à son meilleur ami et comment il a été résolu par le CEPELE. Celui-ci explique à un autre qui l'explique à sa camarade. Celle-ci l'explique à ses amies et finalement la nouvelle pris tout l'établissement. C'est ainsi qu'en jour le CEPELE reçu plusieurs messages de détresse de la part des élèves : Mon père bat ma mère à cause de son alcoolisme ; ma tutrice m'a mise dans un réseau de prostituée et me force à le faire sous menace de mort ; mon père me viole ; mon père m'oblige à vendre la drogue ; je suis dans une famille de voleur et je veux m'en extirper ; c'est la guerre à la maison ; ma famille veut m'obliger à marier un adulte de 50 ans alors que j'ai 14 ans ; mon oncle me prive de mon héritage ... ça n'en finissait pas .

Le lendemain, ils sont face à 100 cas signalés. Que faire ? Leur examen n'est plus loin, il ne reste plus que deux semaines. Le CEPELE prend une sage décision en confiant tous les cas à l'administration mais il décide d'intervenir au niveau d'une seule élève : Brigitte. Cette jeune fille de 17 ans est en classe de Tle D 5. Le comité la reçoit dans son bureau. Au cours de l'entretien, les explications de Brigitte les mettent dans un état de choc. En réalité, sa tutrice l'a récupéré après son examen du BEPC afin qu'elle continue ses cours chez elle. La jeune fille précise aussi que cette dernière est une amie de sa mère. Les deux vivaient de la prostitution seulement sa tutrice a su développer un grand réseau dans ce domaine où drogue, prostitution et la vente d'organes humains font sa fortune. Qu'est-ce qu'elle vous demande de faire concrètement aux clients et qu'est-ce qu'elle attend de vous ? Dit Willy. Nous devons faire tout ce que les clients demandent lorsqu'ils nous font l'amour et même elle nous a montré plusieurs techniques pour maintenir le client.

Je dors beaucoup en classe car c'est à peine si j'arrive à réviser mes leçons. C'est à cause de l'école que je fais une pause et lors des vacances je fais l'amour matin, midi et soir. Il n'y a pas de repos, c'est 24h/24h, s'il y a des clients. C'est un grand hôtel de 20 pièces avec deux boites de nuit (une pour la classe moyenne et l'autre pour la classe VIP), restaurant, piscine...Moi et mes dix copines sommes chargées de servir la classe des bourgeois. A l'entrée, il y a un magasine qui fait le portrait de chaque fille, dans n'importe qu'elle position et même nue. Chaque client qui entre n'a pas le droit de divulguer dehors tout ce qu'il voit ou lit. C'est très confidentiel. Vu que je suis belle, je peux coucher avec au moins deux garçons par jour sauf pour problème de santé. Il y a une amie de 16 ans dont le sexe coule un liquide qu'elle est obligée d'essuyer à chaque fois ce qui fait qu'elle toujours une couche sous elle. Un jour il met arrivée de coucher avec cinq garçons en une journée. Après le dernier je me suis évanouis et c'est après que j'ai repris connaissance. Ce sont des chefs d'entreprise, des adultes et même des vieux de soixante ans. J'ai honte de décris les positions dans lesquelles nous faisons l'amour avec ces personnes. Imaginez un film pornographique pour ceux qui en ont déjà regardé. Pour les clients nocturnes, on doit pouvoir récupérer leur sperme dans des préservatifs car elle les vend. J'ai appris par mes copines que des clients disparaissent certainement pour leur enlever leurs organes. Aussi mes copines et moi voulons arrêter ce travail car c'est devenu une addiction pour certaines d'entre nous. On ne peut pas faire un jour sans fait l'amour avec au moins une personne. Aidez-moi… je n'étais pas ainsi, je veux sortir de cette torture de mineur. Combien d'hommes as-tu connu dans ta vie ? Demande Fabrice ? Je ne peux les dénombrer …ils sont très nombreux. Ce soir je quand je rentrerai, je coucherai avec au moins trois hommes et là où je vous parle j'ai cette envie de faire l'amour maintenant. Combien gagnez-vous comme argent ? Demande Willy ! Cinquante mille par semaine si jamais le travail est bien fait. Répond-elle ! Les autres filles vont-elle à l'école ? Demande Monique ! La majorité était déjà des prostituées et d'autres sont des filles qu'elle-même a recrutée. En dehors d'elle, il y a des étudiantes qui viennent de façon contractuelle.

Après cinq minutes de réunion privée, le CPELE décide d'informer le directeur.

Accompagné par Monique, Willy met l'enregistrement devant ce dernier. Il ne s'en revient pas. Il prend Brigitte dans sa voiture avec l'enregistrement et se rend dans le commissariat le plus proche. Il explique tout à l'officier qui les reçoit. Le commissaire est saisi et décide de faire une descente musclée à l'hôtel le soleil.

Ils avaient suffisamment de preuve pour arrêter la PDG. Mais ils établissent un plan avec Monique afin de la surprendre en flagrant délit sans toutefois préciser que c'est elle le mouchard.

C'est une réussite, plusieurs personnes sont arrêtées y compris la PDG. La %télévision nationale est sur les lieux et montrent des mineurs de 15 ans, 16 ans et 17 ans dans un très grand réseau de prostitution sauvé par l'Etat des mains de personnes malsaines.

Le CEPELE se félicite car en une semaine seulement, les différents cas signalés sont en train d'être résolu. Tous les candidats aux examens du Lycée d'excellence sont prêts.

Dans leur administration, ce sont des paris. Plusieurs paris pour le 100 % a l'examen de l'école et d'autres avec au moins un pourcentage moins élevé des échecs. Le Directeur du Lycée contacte d'autres directeurs et les rassure qu'il fera 100% en troisième comme en terminal. Dix autres directeurs relèvent le défi et soutiennent qu'il y aura quand même des échecs même si c'est le lycée d'excellence. Le pari entre directeur est de 100.000 francs.

Le lendemain alors que le CEPELE fait une dernière réunion avec les différents candidats pour des conseils, le directeur vient assister. A la fin, il prend la parole et signifie aux élèves qu'il a dit à ses collègues directeurs qu'il fera 100% aux examens. Par conséquent, il compte sur chaque candidat et ensemble ils récitent le code d'honneur de l'élève.

Pour la circonstance un groupe a été créé sur un réseau social où tous les candidats ont été ajoutés par les différents chefs de classe. Ils sont au total 800 qui ont pu être ajouté.

Plusieurs dans leurs églises, d'autres vont adorer leurs idoles. Quant à Willy il est à la maison avec Monique et Kevine. Ils sont en train de jouer au scrabble. Monique est une catholique mais elle a décidé de rester auprès de son fiancé.

Ce sont les élèves de la 3è qui commencent. Ils achèvent les oraux et passent la semaine qui suit à l'écrit. Tout s'est très bien passé écrient dans le groupe. Willy y compris les autres mettent des émojis de soutien.

C'est le tour de la terminale. Tout va très bien au niveau de tous les candidats du lycée d'excellence car les différents rapports dans le groupe privé sur le réseau social en dit beaucoup. L'écrit se déroule pareillement aussi. Ils ont fini de composer, chaque élève est très heureux et rassuré de son succès sans toutefois le fait trop remarqué. Twenty à la maison rassure ses parents de son succès inéluctable.

Le proviseur leur avait informé de la tenue d'une fête après les résultats pour honorer chaque candidat.

Déjà, le directeur avait les échos sur Willy car disent-ils : il a descendu les épreuves comme un sniper. Souriant, il se dit : s'il a pu faire cela, c'est que tous seront admis car ils ont marché dans ses traces.

C'est la proclamation des résultats. Tous sont très les différents centres. Cette fois, il n'y a pas de candidat approché. Les résultats sont affichés. Catherine court voir pour son fils en le laissant derrière. Monique appelle Twenty et lui fait savoir qu'elle est admise avec 301 points. Il la félicite. Et toi ? dit-elle ! Je n'ai pas encore vu mon résultat. Mais tous deux entendent un grand cri : Whooooooo...398 points tous se tournent pour regarder et n'en reviennent pas. Monique a entendu en même temps que lui. Elle court le prend dans ses bras et lui donne des baisers sur les deux jours. Plusieurs le regardent ; finalement tous se mettent à applaudir car il est le seul depuis l'arrivée de l'école dans son pays à avoir atteint un tel nombre de points. La télévision nationale n'est pas du tout loin et filme le moment. Catherine est interviewée... Je suis très fière de mon fils, il est encore le meilleur de tout le pays. Son amour pour ses études à payer car il se donne à 100%...Quels conseils peux-tu donner aux élèves qui passeront le bac l'an prochain Jeune Konan Willy ? Dit le journaliste.

En ces termes Twenty parle: l'école est comme un champ sans semence dans lequel tu es obligé de semer pour récolter...donc tout élève doit voir l'école comme un lieu où tous les efforts doivent être faits pour en sortir avec des fabuleux résultats...levez-vous tôt, travailler beaucoup et dormez moins c'est juste 9 mois par an sur 13 ans.

Sur place, plusieurs autres télés, radios et influenceurs sur internet veulent l'interviewer...

Monique les rejoint. Ils sont tous estomaqués et rentrent à la maison...Dago les attendait à la maison, il a organisé une fête à l'honneur des bacheliers pour surtout honorer son fils...Pendant la fête, le proviseur appelle Dago et lui demande de mettre la télévision en marche. Ce qu'il fait en demandant le silence. Là ils sont surpris car on ne parle que de Twenty...son fils est à la une sur la chaine nationale...Sur les réseaux sociaux et sur la page de leur école, sa photo trône...

Du côté du Lycée d'Excellence, tous sont admis aucun a échoué. Il y a eu plus de mentions assez-bien que de mention passable...Le proviseur contacte ses collègues directeurs et encaisse son argent car il a remporté le pari.

Le surlendemain, la télévision nationale est chez la famille Dago pour une interview spéciale...deux jours plus tard la ministre de l'éducation nationale et de l'alphabétisation est présente en personne chez Twenty afin de voir le cadre dans lequel il étudiait. Elle ne fut pas surprise de voir que ses parents l'ont véritablement encadré. Elle a eu même a regardé la vidéo faite par Catherine pour venter le travail acharné de son fils ...Elle le félicite ainsi que sa famille et ils prennent plusieurs photos. Que comptes-tu faire après ton bac? Lui dit-elle! Je voudrais être le meilleur docteur du continent dans le domaine de la médecine pour venir en aide au maximum de personnes. Répond Willy. Dans ce cas on te donnera une bourse pour aller aux USA afin de continuer tes études. Merci, merci Madame la ministre...En partant elle laisse un chèque de deux millions ainsi que son contact personnel à Twenty afin qu'il ne manque absolument de rien. Plusieurs influenceurs passent chez eux pour des moments avec lui afin de faire des vidéos de motivations...

Béti l'invite chez elle. Il s'y rend sans imaginer qu'une réception a été organisée en son honneur. Monique y est aussi. Ils ont partagé de bons moments entre jeune. Plusieurs jeunes filles et garçons y étaient pour juste le voir et faire sa connaissance. Ensemble ils célébraient le succès. Ils mettent leurs mains sur leurs torses et après une minute de silence ; ils récitent avec vie le texte d'honneur de l'élève...

Pendant plus de deux semaines Twenty était bousculé à cause des rencontres et interview sur plusieurs chaines nationales et de grands influenceurs.

Après la fête organisée dans le lycée d'excellence plusieurs sont meurtries car pour certain c'est la dernière fois qu'ils voient Twenty. Toutefois, ils insistent pour être présent le jour de son voyage à l'aéroport international du pays...

Deux mois sont passés, Dago entre en contact avec ses enfants aux USA afin de les informer de l'arrivée de leur petit Frère dans deux jours.

Dans le groupe sur les réseaux sociaux, il informe ses amis du jour et l'heure de son départ pour les Etats-Unis...il informe aussi l'administration de son ancien établissement. Un tête à tête est prévu ce soir avec Monique dans le jardin de la résidence Dago...

Les deux se regardent pendant une minute puis il prend la parole.

Willy: Je vais aux USA pour notre avenir et la promesse faite à Marc...l'an sur prochain nous nous marierons. Veux-tu m'attendre?

Monique: Non je veux le mariage avant que tu ne partes car dans le pays où tu vas il y a de très belle fille blanche et noire très intelligente. Je crains le pire.

Willy: Pour ça ne t'en fait pas, je te reviendrai surtout qu'on est déjà fiancé. Derrière moi mes parents se chargeront du mariage traditionnel même si je ne suis pas là. Et quand je viendrai on fera le mariage civil. Aussi je ne peux pas trahir une fille qui m'a attendu en restant fidèle jusqu'au mariage pour en épouser une autre.

Monique: Je t'aime et je t'aimerai toujours ...écris moi chaque jour, donne-moi de tes nouvelles à tout moment...

Willy: T'en fais pas mais je te rappelle qu'on est fiancé et non marié. Toutefois dès que la dot est faite mon comportement et mon langage sera celui d'un marié...

Monique: "en son cœur" je ne suis pas étonné venant de lui, il ne saute jamais les étapes.

Willy: C'est ce que je voulais te dire.

Monique : Merci, je t'attendrai.

Déjà le hall de départ à l'aéroport international du pays est bondé de jeunes garçons et filles avec un tee-shirt sur lequel est écrit derrière Merci, Merci Twenty car tu as changé nos vies et devant avec sa photo au-revoir. Tous ceux qui voyagent où les agents sont dépassés de cette forte présence des jeunes...Un se permet de poser la question : Qui a-t-il ici? Le meilleur élève du pays voyage, celui qui était à deux pas de descendre le bac...Voici Twenty qui descend d'un véhicule avec ses parents adoptifs et biologiques. Trois voitures sont garées: famille Dago, Konan et Tom.

Tous les élèves applaudissent et le saluent il s'incline pour manifester le respect et s'avance en tapotant dans la paumes de plusieurs. Un dernier message à notre endroit s'il te plait car plusieurs parmi nous passeront des examens, d'autres iront de classes intermédiaires en classes intermédiaires ...Il s'arrête, met sa main droite sur son torse et récite le code d'honneur d'un élève...tous le suivent. C'était un très grand bruit dans l'aéroport. À la fin, ils se mettent à applaudir. Puis rejoint le salon d'attente après avoir faire des accolades à tous ses parents, Kévine , Monique et sa famille y compris certains jeunes. Plusieurs photos ont été prises, des caméras étaient activées pour filmer l'évènement et d'autres faisaient même des directs depuis leur profile.

Chapitre V : Carrière professionnelles

Dix ans plus tard, c'est un homme fait avec des diplômes qui montrent un parcours assez exceptionnel. Au-delà de ses doctorats en médecine et Mathématiques, il a multiplié plusieurs diplômes en informatique, anglais...Il est propriétaire d'un grand hôpital et équipé d'appareils modernes et sophistiqués. Il est avec ses amis américains, français, russes et chinois avec qui il était aux USA pour les études. Ils ont gardé de très bonnes relations. Pendant leurs vacances, ils viennent l'aider. Twenty est connu dans la ville des hommes influents du pays. La majorité des hauts cadres de la fonction publique, les grands hommes d'affaires de toutes les couleurs font partie de sa clientèle. C'est un centre de santé très moderne où riche et pauvre ont droit aux soins. Il y a même un compartiment réservé à ceux qui n'ont pas les moyens financiers qui est en réalité financé par les dons que l'hôpital reçoit. Sans oublié qu'il a fait construit lui-même une école qui a pour nom : LES SAVANTS. Un établissement où les élèves ont tout à leur porté pour être les meilleurs : Cours en ligne, espaces de jeu, salle d'informatique, la connexion gratuite, la cantine, des bibliothèques, librairie, dispensaire, des cars à la disposition des élèves, des enseignants dévoué et qualifiés...L'école est en réalité un modèle des grands collèges des USA.

Catherine, son mari, Tom avaient investi beaucoup y compris Twenty avec la participation de Christophe le père de Betty. Ils étaient tous actionnaire dans ses deux entreprises. Quant à Konan, il était le chef du personnel de transport des élèves et de l'hôpital avec un très bon salaire suivi de prime. Par son altruisme, plusieurs avaient eu de l'emploi et avaient une meilleure condition de vie.

Willy a fait construit sa propre maison triplex et vit avec sa petite famille. Une grande maison à l'américaine avec les couleurs de son pays. Il a deux voitures : une pour Monique et une pour lui.

C'est le Weekend, tout le monde est là. Les familles Dago, Konan et Tom pour un petit festin familial....Monique à Sara en main, sa fille de quatre ans et Willy court derrière Marc, son fils de sept ans. Quant à Dago, il a son dernier petit fils d'un an en main: Ange. Willy a eu au total avec Monique trois enfants dont deux fils et une fille.

Monique approche son mari et lui rappelle un fait qui l'a terriblement marqué. Elle lui dit : te rappelles-tu de la surprise que tu m'as faite dans la cour familiale? Laquelle chérie? Lui dit-elle tout en souriant. Tu m'as bien eue ce jour-là. Tu sais je ne pouvais pas passer une journée sans penser à toi. Je me demandais chaque jour : comment tu mangeais ? Comment tu te portais ? Est-ce que tout allait comme tu le souhaitais ? Tant d'interrogations...J'avais de tes nouvelles mais c'était insuffisant car je voulais te voir et être à tes cotés. Je me réconfortais dans les études à travers les meilleures mentions me disant qu'en plus de bien me porter c'est ce que tu aimerais que je fasse. Des professeurs, étudiants... m'ont trouvé très sévère quand ils m'abordaient pour sortir avec moi. Deux ans après ton départ pour les USA, tu ne m'as pas informé de ton retour et tu m'as surprise alors que nos deux familles étaient à table pour le diner. Tout le monde le savait sauf moi. Tes parents biologiques, tes tuteurs, mes parents y compris ma jumelle, Kévine et Bruce le savaient. On était tous à table. Pour ce jour trois tables de trois mètres étaient mises ensemble car c'était un diner des intimes. Alors qu'en réalité, j'étais la seule à ne pas être informée. Un moment j'ai vu ton père, ton tuteur, ses deux fils, Bruce et Kévine se lever, monter dans deux voitures et aller sans même dire où ils allaient. Moi je ne pensais qu'à toi et ma mère le voyant est venue me réconforter en ces termes : t'en fait pas ton mari viendra forcement l'an prochain te voir. Et j'ai attrapé ses deux mains sur mes épaules en me consolant. Après deux heures les voilà qui reviennent et tous nous nous sommes assis pour souper. Ton tuteur à demander à ce qu'on ferme les yeux pour la prière sur la nourriture. Alors j'ai fermé les yeux et je me suis dit : nous sommes tous rassemblés et tu n'es pas ici. Puis nous les avons tous ouverts. Un moment j'ai entendu derrière moi : my wife, my precius, look at mi...mais comme tu parlais à voix basse ...j'avais l'impression d'entendre quelque chose puis les regards de ma jumelle m'ont indiqués qu'il y a quelque chose derrière et c'est là que j'ai senti ta main sur mes épaules. Quand je t'ai vu, je me suis levé de ma chaise et j'ai bondi sur toi en pleurant sans jamais vouloir te laisser. Tous se sont mis à applaudir. C'est après dix minutes que les autres ont pu te faire les accolades. Je ne t'ai plus laissé...tu m'avais bien eu mais je n'étais pas la seule à pleurer, tous ont pleuré y compris toi. C'était un moment très merveilleux...la photo est encore dans notre salon. Oui je m'en souviens. Là je t'ai vraiment eu chérie...

D'un commun accord Dago et Richard allument la télévision puis mettent le DVD du parcours de Twenty depuis la classe de 3ème jusqu'en terminal avec tous les moments forts...Tous regardent et rire…jusqu’à ce que Marc apparaissent et s’adresse à Willy en ces termes : J’ai fait promettre à Monique et Kevine de ne pas te fait regarder la vidéo jusqu’à ce que vous soyez mariés. Si tu regardes la vidéo, c’est ce que vous êtes ensembles. Je vous souhaite que du bonheur, beaucoup d’enfants et vient toujours en aide aux riches et pauvres car c’est avec toi qu’on a vu que c’était possible…Comme j’aimerais être auprès de vous toutefois je serai toujours à vos côtés aussi longtemps que vous me porterez dans votre cœur. Un homme qui partage ne manque jamais de rien. Je crois que j’ai trop parlé, au revoir !

Willy pleure à chaude larme avec Monique y compris Kévine et Bruce. Ils sont vites consolés par leurs parents. Willy sort de la maison pour prendre un peu d’air au balcon. Monique le rejoint et ensemble, ils fixent les étoiles. Soudain une étoile filante passe.

Dans leur salon trône leur photo des principaux membres du CPELE dans laquelle on voit Marc. Puis il prend son album photo et se remémore tout à travers les cartes.

www.ingramcontent.com/pod-product-compliance
Lightning Source LLC
LaVergne TN
LVHW082246150826
845677LV00009B/1537